世纪波
Century Wave

表达致胜

从职场小白到管理高手

道生　著

電子工業出版社
Publishing House of Electronics Industry
北京 • BEIJING

图书在版编目（CIP）数据

表达致胜：从职场小白到管理高手 / 道生著. —北京：电子工业出版社，2019.10

ISBN 978-7-121-37575-0

Ⅰ. ①表… Ⅱ. ①道… Ⅲ. ①语言表达－通俗读物 Ⅳ. ①H0-49

中国版本图书馆 CIP 数据核字（2019）第 219832 号

责任编辑：晋　晶
文字编辑：袁桂春
特约编辑：田学清
印　　刷：三河市良远印务有限公司
装　　订：三河市良远印务有限公司
出版发行：电子工业出版社
　　　　　北京市海淀区万寿路 173 信箱　　　　邮编 100036
开　　本：720×1000　1/16　印张：16.5　字数：287 千字
版　　次：2019 年 10 月第 1 版
印　　次：2019 年 10 月第 1 次印刷
定　　价：68.00 元

凡所购买电子工业出版社图书有缺损问题，请向购买书店调换。若书店售缺，请与本社发行部联系，联系及邮购电话：（010）88254888，88258888。

质量投诉请发邮件至 zlts@phei.com.cn，盗版侵权举报请发邮件至 dbqq@phei.com.cn。

本书咨询联系方式：（010）88254119，sjb@phei.com.cn。

前　言

在职场中，机遇对于每个人来说是平等的，但每个人捕捉机遇的能力是不同的。

分享一个我自己的故事。

十几年前，我曾经在国内一家顶尖的 IT 集团里工作。由于业务表现突出，我被提拔为集团一个管控部门的经理。

刚一上任，我就迎来了考验。

这个岗位有一项重要的工作，就是每月月初代表集团最高领导，在全国数百名干部参加的电话会议中做经营分析报告。

在开会前，我的上级领导带我向集团主管相关工作的副总裁进行预先汇报，同时听取副总裁的指导意见。

我照着事先准备好的发言稿念了没几句，就被打断了。副总裁对我的上级领导说："会上还是你来讲吧。"

后来，开会的时候，我的上级领导代我做了报告。从那以后，直到离开那个岗位，我再没获得过在这个电话会议中做报告的机会。没有人告诉我问题出在哪里，我该怎么做……

多年以后，当我主持了无数次会议，做了无数次发言，进行了无数次演讲，乃至最终以"讲话"为职业的时候，我才认识到表达能力对于职业发展有多么重要。我深刻地领悟到，自己当初错失了一个多么重要的机会！

丘吉尔说过："一个人能面对多少人讲话，他的成就就有多大。"

职场表达能力就像游泳这类技能——平时看似可有可无，到了机会"转瞬即逝"、命运"生死攸关"的时刻，我们才能意识到它有多么重要。

在与很多职场人沟通后我发现，我曾经的遭遇，也是大家普遍面临的困扰。

相当多的职场人就像曾经的我一样，天真地以为只要埋头把事做好就可以了，没想到业绩表现因为表达能力的欠缺，被“打了对折”而不自知。到头来职业发展不如意，却不知问题出在了哪里；或者知道问题出在哪里，却不知答案在哪里……

2014 年，哈佛大学的调研数据显示，在 500 名被“炒鱿鱼”的职员中，解雇原因为“人际沟通不良”的占 82%。由此可见，表达能力对于一个人职业发展的影响是很重要的。

因此，我觉得有必要把自己二十余年职场生涯的积淀、十余年管理咨询和培训工作的经验，以及多年来在职场表达领域深入探究的成果，加以整理，构建成一个全方位的学习成长体系，为正在被表达能力困扰的职场人开启“表达致胜之门”！

本书解读

本书覆盖了除销售、谈判话术外的职场表达的各种典型场景。

- 公众表达：包括公众汇报、阐述提案、回答提问、例会工作汇报、会议即席发言、仪式即席讲话、当众自我介绍、内部竞聘演说等面向公众的讲话场景。
- 一对一表达：涵盖接受任务、请示工作、汇报工作、工作总结、传达要点、电梯汇报、偶遇沟通、绩效谈话、说服影响等上下级之间的沟通行为。
- 人际沟通：揭示在感谢、赞美、批评、道歉等人际交往场景中展现真诚的诀窍，以及妥善处理冲突、建议、请求、拒绝的策略。
- 会议管理：包括会议组织、会议通知、会议主持、头脑风暴、复盘总结等相关操作。
- 信息沟通：介绍电话、邮件、微信沟通中需要遵守的礼仪。

本书还创新性地引入教练式领导力精华，将“提问式对话”作为管理者表达提升的方向，使之成为激发下属潜能、提高团队业绩的利器。

本书采取分层学习的方式，以满足不同职业发展阶段的差异化需求。

1．职场新人

对于初涉职场的新人而言，最迫切的是学会如何“把话说对”。在这一部分你将学习到职场表达的基本规则，如何理解并完成领导的指令，如何向上级请示和汇报工作，职场上待人接物的“潜规则”等。

2. 业务骨干

业务骨干不但要“把话说对”，还要“把话说好”。在这一部分你将学习到如何让汇报结构紧凑、观点突出，如何在公众汇报场合中展现个人魅力和强大气场，如何通过沟通促进团队协作，如何通过表达在职场竞争中彰显自身价值等。

3. 管理高手

管理者不仅要“把话说好”，更要“超越说话”——用富有能量的语言激励下属积极行动、支持团队达成目标。在这一部分你将学习到如何激发下属潜能，如何使用潜意识沟通引发深层改变，如何使用正能量语言凝聚团队战斗力，如何通过富有能量的感召焕发团队激情！

如何使用本书

为实现有效的学习，本书采用了教材学习、线上交流和线下实践“三位一体”的学习体系。本书既是“学”的宝典，也是“练”的系统。

1. 教材学习

本书分为“职场新人篇”“业务骨干篇”“管理高手篇”三个部分。你可以选择从头开始学习，也可以根据自己的兴趣或需要从任意部分切入，以满足能力提升的需求。

在每节内容之后，书中均设置了本节知识点检测。建议读者独立完成，以加强对重点内容的理解和记忆。

2. 线上交流

为便于读者深刻理解并灵活运用所学内容，本书在每节之后均布置了练习作业。

读者可登录“表达致胜”微信公众号，与道生老师分享答案，将有机会获得道生老师点评和指导。

读者也可以加入微信学习群，提出自己的问题、困惑，分享案例及个人经验，与学友们交流心得，实现共创式学习。入群具体方式详见微信公众号。

3. 线下实践

“修之于身，其‘得’乃真。”习得的知识要通过实践才能内化，从而成为行为习惯。建议读者将学到的各种方法应用在工作中，通过实践检验其有效性。欢迎读者与更多身边的伙伴分享学习体会和实践心得，在分享中进一步加深理解。

本书是我职场积淀和探究学习的结晶，也凝聚了很多人的智慧和付出。

我要衷心感谢我的太太宇心老师。她在本书的内容组织、形式等方面给予了很多建议，并全力以赴地投入烦冗的校稿工作中。

我也要衷心感谢电子工业出版社的晋晶女士，她在本书筹备阶段给予了我热情的肯定和鼓励，并在写作、审校和出版过程中提供了耐心指导和大力支持！

我还要衷心感谢在我成长过程中的各位老师，如玛丽莲·阿特金森（Marilyn Atkinson）博士、克劳斯·霍恩（Klaus P. Horn）博士、郑振佑（Paul Jeong）博士、尼克·莱佛士（Nick Le Force）、慈诚老师、“嗓音王子”王俊翔老师等。在他们那里，我不仅获得了知识和技能，而且汲取了很多精神营养。

最后，我要感谢在我职业生涯的各个阶段中指导我、支持我、陪伴我的所有领导和同事们！感谢我的客户们！是你们造就了我的专业性，为我提供了展示自己才华的舞台！

与其临渊羡鱼，不如退而结网。与其仰慕职场表达高手的风采，不如立即行动起来，通过系统学习和训练，让自己成为名副其实的表达高手！

道生

目录

一 职场新人篇

三 管理高手篇

一 职场新人篇

初涉职场的新人惊讶地发现，职场的语义环境与校园里几乎完全不同：严格的上下级关系，各种各样的表达规则，复杂敏感的人际沟通……

对于职场新人而言，最迫切的需要是尽快学习职场表达的“语法”。

- 掌握基本的职场表达规则和形式。
- 学会理解并完成领导下达的指令。
- 学会向直属领导请示和汇报工作。
- 适应职场上待人接物的说话规矩。

……

职场新人的第一课，要从学会“把话说对”开始！

第一章

职场表达遵守规则

* 表达从洞察需求开始
* 职场表达要结论先行
* 论证观点的最佳结构
* 职场沟通要精准表达

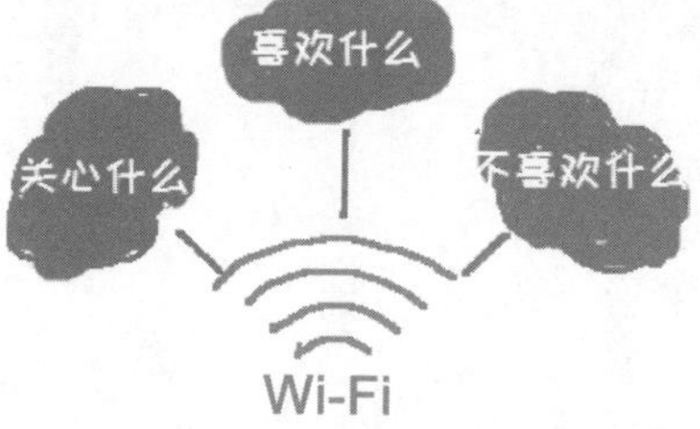

1.1 你的 Wi-Fi 是什么

——表达从洞察需求开始

现在很多人到了室内场所，第一件事就是问："这里的 Wi-Fi 是什么？"

为什么急需连上 Wi-Fi 呢？很简单，手机连通了 Wi-Fi，才能通畅地接收信息。

你有没有想过，沟通也要连接"Wi-Fi"呢？

> 在沟通中，每个人最关心的是"你说的对我有什么好处？""我会有什么收获？"

这个"**Wi-Fi**"就是"What is Important For Interest"——对于我的利益而言，什么是重要的。在沟通中，每个人最关心的是"你说的对我有什么好处？""我会有什么收获？"

我曾参加过一个小小的摄影沙龙。听众几乎清一色都是三四十岁的太太们。

老师是一位半专业的摄影爱好者。他很投入地讲解单反相机的构造，以及景深、光圈、快门之间的匹配关系……可是很快我就发现，女士们个个神情倦息、精神恍惚，一副完全"不在线"的样子。

老师终于发现问题了。他提议："反正你们对技术也不感兴趣，不如拿出手机来，我教你们如何自拍吧！"教室里顿时活跃了起来。

太太们纷纷拿出手机，个个兴高采烈，上下左右地自拍。老师则不失时机地当场点评："你的手机位置太低，拍出了双下巴。""你的构图有问题，把人拍得太偏。""你的光线有问题，挺白的皮肤没拍出来。"

不一会儿大家就玩儿嗨了，觉得在室内拍得不过瘾，又跑到花园里继续拍。在嬉笑中，大家学会了如何构图、如何选择光线、如何把自己拍得更美，最后纷纷表示收获非常大、非常满意！

对于这些太太们来说，纯粹的摄影技术太专业、太枯燥了，那不是她们想要的。她们关心的只是如何把自己拍得更好看，这就是她们的"Wi-Fi"。老师最终找到了太太们的"Wi-Fi"，摄影沙龙才圆满结束。

作为表达者，你想说的一定要是对方所关心的。

在开口讲话之前，你需要找到接收者的“Wi-Fi”，并按照对方的喜好组织信息，满足对方最迫切的需求，这样才能让对方的注意力保持“在线”。这就是职场表达的第一原则——**“Wi-Fi 领航”**。

> 在开口讲话之前，你需要找到接收者的“Wi-Fi”。这就是职场表达的第一原则——“Wi-Fi 领航”。

再举个职场上的例子。每年年初的时候，领导通常会给下属们开个会，总结过往，展望未来。

按照一般的表达逻辑，应该先说过去、再讲未来。可是，已经发生的事情不是下属们最关心的。总结经验也好，论功行赏也好，那是领导该操心的事情。

下属们的“Wi-Fi”，是明年行业趋势如何、公司业务发展前景如何、要不要过苦日子、自己的饭碗是否还保得住……这才是和下属们的利益密切相关的事情。

领导在讲话时，需要对接下属的“Wi-Fi”，从展望公司前景开始讲，这样才能牢牢抓住听众的注意力。

怎样才能找到对方的“Wi-Fi”呢？

很简单，只要在心里回答三个问题就行了：**对方关心什么？喜欢什么？不喜欢什么？**

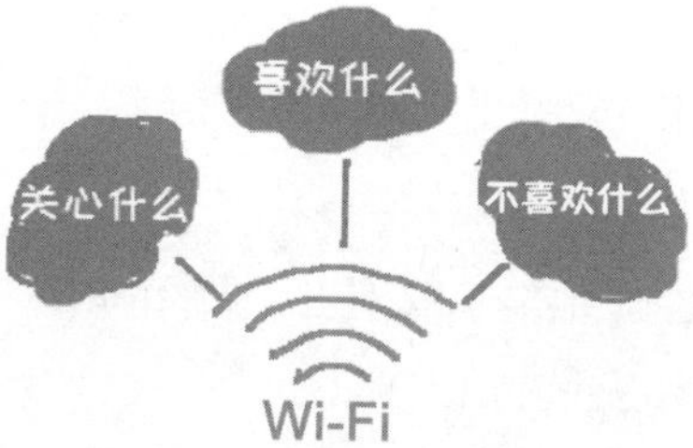

例如，职场上少不了向领导汇报工作，你知道在听汇报的时候，领导关心什么？喜欢什么？不喜欢什么？

领导关心的是下属做事的结果，以及给公司带来的效益如何；领导喜欢主题突出、逻辑清晰、简洁明了的汇报；领导不喜欢结论不明、重点不清、纠缠细节的汇报。

有些下属在汇报工作时觉得：我讲得挺好啊，为什么领导会听得不耐烦呢？

这往往就是因为忽略了领导的“Wi-Fi”。

下属往往热衷于强调自己多么辛苦、过程多么艰难。可是领导关心的不是这些。领导的“Wi-Fi”是结果导向的——先告诉我目标有没有达成，然后再说过程。

有时候，人们太想表达自己想说的，急于提供自己认为重要的东西，而忽略了对方的需求和感受。如果你的出发点本身就是错的，再努力也达不到预期的结果。

“Wi-Fi 领航”是职场表达，乃至一切沟通的“钥匙”。不夸张地讲，即便没有任何技巧，只要能做到从对方的“Wi-Fi”出发，从对方最想听的开始讲，沟通效果就不会差。

道生老师敲黑板

- “Wi-Fi”在职场表达中的作用：________________________________。
- 职场表达的“第一原则”：________________________________。
- 每个人的“Wi-Fi”由哪三个部分构成？________________________。

道生老师留作业

- 在以下场景中，听众的“Wi-Fi”是什么？

听　众	关心什么	喜欢什么	不喜欢什么
在入职仪式上，听 HR 介绍公司情况的新员工			
在公司年会上，聆听总经理讲话的全体员工			
新品发布会上的粉丝			
参加校园招聘会的大学生			

- 你带领的团队出色地完成了一个销售大单。现在你需要向以下四个群体分别做报告。
- 针对不同的群体，你的“Wi-Fi”是什么，别人的“Wi-Fi”是什么？

对　象	你的“Wi-Fi”	对方的“Wi-Fi”
公司高管		
新的潜在客户		
同行		
下属		

1.2　你到底想说什么

——职场表达要结论先行

你看过《流浪地球》吗？

如果向朋友推荐这部电影，你可能会这样说：

“我刚刚看了一部国产科幻影片《流浪地球》。这部影片讲的是在太阳毁灭前夕，人类齐心协力带着地球逃往外星系，寻找新的家园的故事。

影片没有走超级英雄拯救地球的俗套，而是体现了整个人类在面对灾难时齐心协力、义无反顾的牺牲精神；人类不是乘坐飞船逃离地球，而是带着地球一起走，体现了中国人不离不弃的故土情结；电脑特效既恢宏又细腻，完全是好莱坞顶级科幻大片的级别；片中有很多中国元素的‘彩蛋’，让人看了非常有亲切感。总之，《流浪地球》这部片子非常棒，推荐你看！”

这样的表达是不是很熟悉？这就是我们平时讲话的方式——先讲理由，后给结论。

平时这么聊天很正常，但是跟领导这么讲话可能就出问题了。

让我们来假设一个场景：你要推荐领导看《流浪地球》。

你从故事情节开始，说到剧本不落俗套，说到故土情结……领导突然打断你：“你到底想说什么？”

领导工作繁忙，精力和时间非常有限，没有兴趣听你绕来绕去。他们关注的是结论——这件事该不该做、怎么做、需要什么支持、能取得什么成果……

你想表达什么观点、有什么要求，最好先说出来，然后再摆事实、讲理由。这就是职场表达第二原则——**“结论先行”**。

> 先说出来观点，然后再摆事实、讲理由。这就是职场表达第二原则——“结论先行”。

在平常说话时，我们通常会把结论放在最后。但是与领导沟通的时候，你需要把结论放在开头：“领导，《流浪地球》这部片子非常棒，推荐你看！”

在“结论先行”的情况下，领导可能有以下三种反应。

第一种：我不想看。你发现领导对你说的话题不感兴趣，于是赶紧切换话题，以免浪费领导的时间。

第二种：我看过了。你了解的信息领导都已经掌握，就没有必要赘述了。你可以尝试和领导做一下讨论和分析。

第三种：你说说看。你发现话题触到了领导的“兴奋点”，这时就可以展开详细论述了。

在“结论先行”之后，你还需要找到论点，来支撑“《流浪地球》非常棒，推荐你看！”这个结论。

- 剧本的情节设置不落俗套。
- 中国特色的故土情结引起观众强烈共鸣。
- 堪比好莱坞顶级科幻大片的电脑特效。
- 中国文化元素“彩蛋”随处可见。

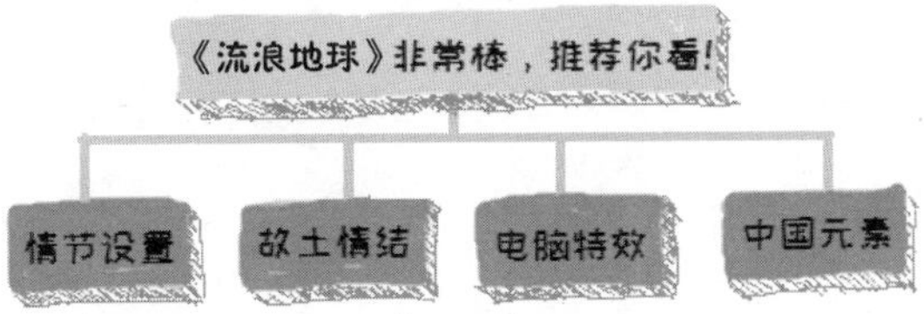

仅仅有这些论点还不够，你还需要用论据加以佐证。

例如，关于“堪比好莱坞顶级科幻大片的电脑特效”，你需要指出：特效团队包含2000人，绘制图纸超过12000张，一个镜头就改了251版……这样才能令人信服。

对于这种“自上而下层层统率，自下而上级级支撑”的论证结构，人们赋予其一个形象化的名字——**“金字塔原理”**。

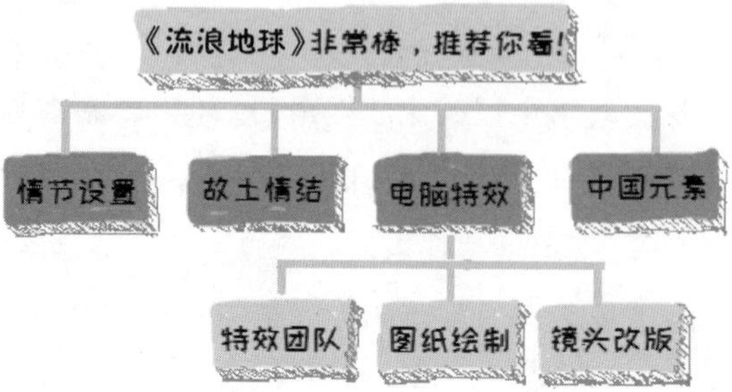

"金字塔原理"是得到广泛认可的职场表达架构。其核心思想就是"结论先行、以上统下"——把结论摆在最前面，针对结论展开论证。

> "金字塔原理"的核心思想就是"结论先行、以上统下"。

当然，"金字塔原理"的完整内涵远比上面的示例复杂。市场上有很多阐述"金字塔原理"的著作，如果感兴趣的话可以深入学习。

对于职场人而言，只要牢牢记住"结论先行、以上统下"这个规则，表达就可以做到核心观点突出、逻辑层次分明！

道生老师敲黑板

- 职场表达的第二原则：________________。
- 得到普遍认可的职场表达架构：________________。其核心内容：________________、________________。

道生老师留作业

- 请按照"结论先行"原则重写下面这段话，并画出相应的金字塔架构。

  "周一上午，人力资源部召集新员工开会，向我们介绍企业历史和各项制度，还组织我们做了团建游戏。中午我们第一次在公司食堂里吃饭，饭菜又丰富又好吃！下午部门经理带我们和同事们见面。周二上午，经理给我们介绍部门情况和主要业务，下午老员工给我们讲解了业务内容和操作规范。周三，经理发给我们一本操作手册让我们学习，晚上部门同事为我们举办了欢迎晚宴。周四上午我们继续学习操作手册，下午观摩老员工现场示范。周五上午我们观摩示范，下午举行书面知识和实务操作考试。职场生活的第一周真是丰富多彩、令人印象深刻！”

- 请应用“金字塔原理”，画出你的岗位职责示意图，尽量分解到第三个层级。
- 在生活和工作中，你还看到了哪些符合“金字塔原理”的表述？

1.3　凡事成三，讲话不难

——论证观点的最佳结构

在公司办公会上领导问道：“我们上个季度业绩表现不好，你们说说原因是什么？”

有人说：“和竞争对手相比，我们的销售网点太少了。”

有人说：“问题出在生产环节上，在打仗关键的时刻弹药供不上了。”

领导失望地摇摇头，将目光投向你。你又该如何回答呢？

你需要知道领导为什么会摇头。

职场问题的背景往往错综复杂。在分析问题时，如果只是根据自己的主观感受简单归因，就成了“盲人摸象”。领导会觉得你思维浅薄、应对草率。

有一句话，能够让人马上觉得你是一个表达有逻辑、思想有深度的人。这句话就是“关于这件事，我想从三个方面来谈”。

古往今来，人们对“三”这个数字就有所偏爱，例如：一日三餐、绕梁三日、三生有幸、三人成虎、三生三世、三个臭皮匠顶个诸葛亮……

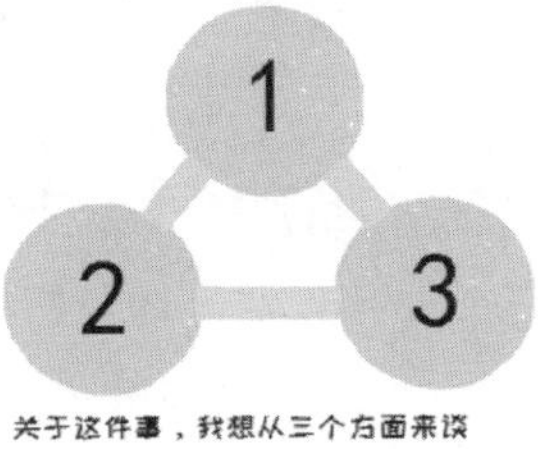

一个板凳三条腿，一个篱笆三个桩——有了三个点的支撑，就能够保障物体的形态稳定。因此，“三”具有完整、系统的意思。一个观点如果能够从三个方面来阐述，就具备了完整性和系统性。这就是职场表达的第三个原则——**“凡事成三”**。

> 一个观点如果能够从三个方面来阐述，就具备了完整性和系统性。这就是“凡事成三”原则。

“凡事成三”的好处在于，能够用最少的精力完成最有效率的沟通。我们做事都讲性价比，既然用三个论据就能证明一个论点，又何必长篇大论，浪费不必要的精力呢？

阐述一件事情的维度有很多，具体要讲哪三点呢？我们需要了解一点儿大脑记忆的工作原理。

在获得新信息的时候，大脑会判断：“这些信息之间有怎样的关联呢？”

如果找到了信息之间的关联，大脑就会把信息按照一定的规则组合在一起，这样新信息才能被理解和记忆。这个过程叫作“组块化”。

举个例子。猴子、手机、汽车、地球这四个词，怎么才容易被记住？

如果孤立地进行记忆，对一个人的记忆力会有一定挑战。可是，如果组合成：“在汽车上一只猴子在看手机，手机上是地球的照片”，记起来就容易多了。很多“高效记忆术”使用的就是“组块化”方法。

既然大脑具有这样的特性，我们就要投其所好。预先按某种逻辑将信息进行“组块化”处理，然后将信息发出，大大减轻对方大脑的工作负荷，这样的信息更容易被对方接收。

> 预先将信息进行“组块化”处理，这样的信息更容易被对方接收。

“组块化”可以在时间、空间、元素等多个维度上进行。

- 时间维度。即事件发生的前后顺序，例如：“季度初渠道策略出现了偏差……季度中生产环节出了问题……季度末竞争对手发起促销，我们没能及时跟进……”
- 空间维度。可以是实际物理空间的划分，也可以是逻辑上的空间分割，例如：“从北京、上海、成都三个大区分别进行分析……”

- 元素维度。将事物拆解为几个完整而独立的基本要素，例如：“从生产、市场、销售角度分别看一下……”

要是想说的远远不止三点怎么办？

一种常用的方法我们在中学时就学过，叫作“合并同类项”——将具有相近属性的信息进行归类。例如，全国十几个分公司一一叙述就显得烦冗；如果按地域分成几个销售大区，或者按市场成熟度分成成熟市场、成长市场、潜在市场，分析起来就显得更清晰而有条理了。

找不到相近属性无法合并怎么办？那就只好“断舍离”了。你需要按信息的重要性将信息进行排序，只保留最重要的几点。根据“凡事成三”原则，这少量的几点已经足以阐明你的观点，其他的就只能“忍痛割爱”了。

需要强调的是，“凡事成三”并非只能是三点，而是提倡将信息进行整合和简化，以便提高表达效率。

> “凡事成三”并非只能是三点，而是提倡将信息进行整合和简化。

要是想不出三点怎么办？

教给大家一个方法——不管自己有没有准备好，开口就说：“关于这件事，我想从三个方面来讲”，这样你就把自己置于“背水一战”的境地了。

当你说出第一点的时候，头脑里同时构思第二点；说第二点的时候，第三点可能也就有了眉目。第三点实在想不出来？很简单，临时凑一个出来！

刚开始的时候，你可能会觉得这个“凑”出来的观点有点牵强。没关系，一切能力在刚形成的时候都会有些不自然。只要经常有意识地练习，“刻意”就会变得自然！

道生老师敲黑板

- 让人马上觉得你“表达有逻辑、思想有深度”的金句：________________。
- “凡事成三”的好处在于：________________________________。
- “组块化”有三个维度：____________、____________、____________。

道生老师留作业

- 不要做准备，快速完成下面的表述。注意要使用完整的句子，而不是单纯的词语。

  （1）我最近看的电影/电视剧是《______________》。这部片子有三个特点：______________、______________、______________。

  （2）在当前经济形势下，我所在的企业/组织要想稳定发展，必须具备的三个能力：______________、______________、______________。

  （3）学习职场表达的必要性体现在三个方面：______________、______________、______________。

- 请针对“组块化”的三个维度各举出三个例子。

维　度	例 1	例 2	例 3
1．时间维度			
2．空间维度			
3．元素维度			

- 一周之内，在任何需要表达观点的场合中，开口就说：“关于这件事，我想从三个方面来讲”，看看有什么变化？

1.4　来块“奥利奥”

——职场沟通要精准表达

先来看一段微信对话。

甲：在吗？

乙：在。

甲：我有事请你帮忙。

乙：说吧。

甲：你能把最新的库存报表发给我吗？

乙：什么时候要?

甲：尽快。

乙：好，我尽快。

(30 分钟后)

甲：发了吗?

乙：没有。我手头还有一大堆事要处理呢。你不是说尽快吗？我明天早上给你。

甲：坏了，耽误大事了！张总让我半小时内发给他！

乙：这么重要的事，你怎么不早说?

你从这段对话中发现了什么问题?

在对话中，甲的表达冗余而不清晰，没有交代必要的信息，造成双方配合出现差错。乙同样没能及时表明自己的处境，结果给甲造成了误解。

在职场上，如果表达不清晰、不完整，就可能造成很多不必要的误会。

所谓“表达”有两方面的含义：一个是“表”，一个是“达”。

“表”是发出信息，“达”是接收并理解信息。不论发出信息的人讲了多少，如果接收信息的人听不懂、理解错，沟通就失去了意义。“表”是过程，“达”才是沟通的目标。职场沟通需要精准表达。

> “表”是过程，“达”才是沟通的目标。

所谓**精准表达**，就是使用清晰明确、简单易懂的语言来交流信息、表述思想，从而实现高效沟通。

精准表达具有三个特点：精简、完整和准确。

特点一：精简

双方需要聚焦沟通目标，尽量去除冗余的陈述和干扰信息，为对方呈现简单、清晰、一目了然的信息，以便于对方准确地理解你的诉求。

特点二：完整

问一句、答一句的“挤牙膏”式对话势必会降低沟通效率。需要对方知晓的信息，应该尽可能地做到一次性完整提供。

同时，对于对方的反应和质询应具有预见性，尽可能提前解答疑惑，以减少沟通的回合。

特点三：准确

“大概”“可能”“估计”“尽快”之类模糊、笼统的表达，会让对方无所适从，也容易引发误解。

在沟通中，应该尽量使用清晰的表述、精确的数字、准确的时间。你的表达越清楚、越具体，对方就越容易理解和执行。

你的表达越清楚越具体，对方就越容易理解和执行。

向大家介绍一个精准表达的工具——“**奥利奥（OREO）模型**”。

- 观点/需求（Opinion）：我的需求是……
- 原因/理由（Reason）：之所以有这样的需求，是因为……
- 预期/后果（Expectation）：如果这样做/不这样做，会发生……
- 观点/需求（Opinion）：所以我的需求是……

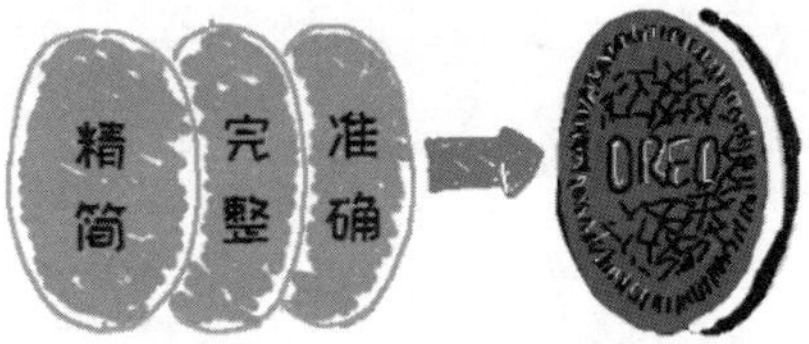

在上述的微信对话中，如果甲采用“奥利奥模型”表达，就可能是这样：

- 你可以在 15 分钟之内准备一套最新的库存报表给我吗（O）？
- 刚才张总找我，说他一小时以后要向总经理做个汇报（R）。
- 如果没有最新的库存数据，他就无法确定促销方案（E）。
- 我拿到数据后还要做数据分析和制作 PPT，需要占用一些时间。所以你看能不能 15 分钟之内给我（O）？

如果乙感到为难，同样可以使用“奥利奥模型”回应：

- 这么短时间内我恐怕给不了你（O）。
- 我这里有好多紧急的发货需要处理（R）。

- 今天是发货的最后一天。要是耽误了发货，客户会罚款的（E）。
- 我现在真的给不了你。这样吧，我问问我们部门的小石。如果他有时间，我让他配合你吧（O）。

使用“奥利奥模型”后，对话双方得以完整、清晰、准确地表达自己的诉求，沟通也变得更加轻松有效了。

在职场沟通中，不要忘记使用精准表达的“奥利奥模型”哦！

道生老师敲黑板

- 职场精准表达的三个特点：__________、__________、__________。
- “奥利奥模型”由四个要素构成：__________、__________、__________、__________。

道生老师留作业

- 针对下面这些场景，你该如何用“奥利奥模型”进行沟通？

  （1）同事约你下班后陪她逛街，可是你手上有一个重要工作需要处理。

  （2）项目组人手不足影响了工作进度，你向领导申请增加一至两人。

  （3）领导给出的绩效评估与你的自我感知差距很大，你想和领导沟通一下。

- “奥利奥模型”还可以应用在哪些职场表达场合中？

第二章

汇报工作讲究章法

* 请示工作让领导舒心
* 汇报工作让领导安心
* 汇报工作如何不迷失
* 汇报工作让领导开心
* 应对电梯汇报有信心

2.1　判断题还是选择题

——请示工作让领导舒心

一天，领导对下属说：“我觉得员工的表达能力需要提高，你看该怎么培训一下呢？”

假设有甲、乙、丙、丁四位下属。我们看看他们的回应有什么不同。

领导一问话，甲马上回答：“我听您的。您觉得哪家培训机构比较好呢？”

乙没有马上答复，回去打了一番电话，然后找到领导汇报：

“关于职场表达培训，我联系了一家 A 公司。这家公司的信誉、经验都不错，收费也很合理。我请他们做了培训方案和报价。您只要签个字，我就安排他们来做培训。”

我们再来看一下丙。丙做了一番调研，回来向领导汇报：

“我联系了好几家机构，最后选择了三家。A 公司是老牌培训公司，有完整的培训体系，业内声誉很好；B 公司专做职场表达培训，我看了他们的公众号，内容都很实用；C 公司也以职场表达培训见长，他们的报价最低。您看选哪个呢？”

最后再看丁是如何汇报的：

“我联系了好几家机构，最后选择了三家。A 公司是老牌培训公司，业内声誉很好，但主要业务是演讲训练，与职场表达还是有差别的；B 公司专注于职场表达培训，成立时间比较短，但在接触中我感到他们在这个领域中专业度很高；C 公司也以职场表达培训见长，优点是报价最低，但我了解到他们目前在大力推出年轻培训师，我担心年轻老师职场经验不足，对课程的理解不够透彻。

我个人认为，选择培训机构一要看资质，二要看讲师，三要看课程是否贴近职场实战。我比较倾向于 B 公司。这家公司虽然年头不长，但公司深耕一个专业领域，创始人职场经验丰富，而且承诺亲自出马授课，价格也可以再谈。这是我做的书面分析报告，请您定夺！”

假设你是领导，你更满意哪个下属的回应呢？

请示工作时，下属该提供哪些信息？怎样的请示方式最受领导欢迎？让我们通过分析来一探究竟。

甲的回应犯了在请示工作时最低级的错误，就是遇到问题直接问领导：“您说该怎么办？”领导最怕的就是动辄提“问答题”的员工了。公司雇佣你是要你来解决问题的，如果事事给领导提问题，要领导直接给出答案，你自己的作用和价值又在哪里呢？

乙比甲有进步，知道自己去找答案了。可是乙只给领导提供了唯一的方案，领导只能做“判断题”——要么同意，要么不同意。下属如果没有提供用来比较的对象，领导又如何决策呢？这会让领导很为难的。

丙通过调研，给领导列出来多个选项，领导现在变成了做“选择题”。可是问题又来了：领导没有精力去逐一比较，当面临几个选项时又该如何选择呢？丙的做法好像是说：我该提供的都提供了，怎么拍板是领导你自己的事了——等于把皮球又踢给领导了。

丁同样给出多个选项，但比丙多做了一步——对每个选项的优劣进行分析论证：甲公司优势是这样，劣势是这样；乙公司优势是那样，劣势是那样……最后了提出了自己的倾向性参考建议：“综合以上，我个人倾向的选项是……请领导定夺。”这句话非常关键。没有这句话，你就仅仅是个“情报员”；有了这句话，你就成了“高参”！

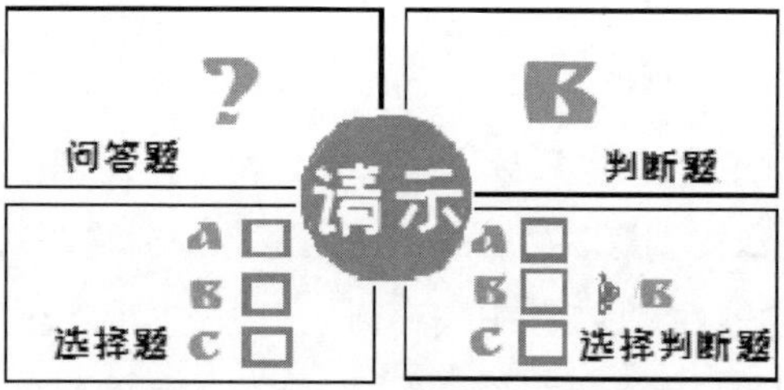

当下属不仅提供多种选项，同时还带有分析和建议的时候，领导就不是盲目拍板，而是在详尽分析的基础上做出最终决策。这样，下属既能显示其认真负责的工作态度，同时也尊重了领导的决策权。这种“下属有方案，领导有面子”的请示模式是领导最欢迎的。

请示工作的艺术在于不仅提供多个选项，还要通过分析提出自己的想法，再跟领导印证这个想法是否正确。从这个意义上讲，我们让领导做的既不是“判断题”，也不是“选择题”，而是“**选择判断题**”。

所谓“选择判断题”，就是“多种选择+优劣势分析+倾向性建议”的请示方式。

你给领导的“题目”出对了吗？

> 我们让领导做的既不是“判断题”，也不是“选择题”，而是“选择判断题”。

道生老师敲黑板

- “选择判断题”的表述结构：__________+__________+__________。
- 请比较四种向领导请示的方式，并填写下表。

请示类型	典型表达语句	带给领导的感受
问答题		
判断题		
选择题		
选择判断题		

道生老师留作业

- 假设公司要组织员工体检，领导要你选择一家体检机构。请分别用“问答题”“判断题”“选择题”“选择判断题”四种形式向领导请示。
- 你在工作中遇到过哪些有代表性的请示工作的情况？有哪些令你印象深刻的经验教训？

2.2　汇报工作，有始有终

——汇报工作让领导安心

职场上，有两类人的工作汇报最令领导头痛。

第一类人遇到鸡毛蒜皮的小事就跑到领导那里请示。他们这样做，要么是期待增加“职场曝光度”，想让领导看到自己工作有多辛苦；要么是怕承担责任，事事让领导替他做主。

还有一类人则刚好相反，拿到任务后就消失得无影无踪——有的人是怕领导催问而躲着领导；有的人则认为在过程中无须汇报，完成任务后交差就好。

这两类人的做法都是不太妥当的。

一方面，领导给你分派任务是要你替他分担压力。如果你不肯承担责任，事事麻烦领导，你存在的意义和价值又在哪里呢？

> 在职场中有一个非常重要的原则：让领导时刻感觉到事情处于他的掌控之中。

另一方面，在职场中有一个非常重要的原则：让领导时刻感觉到事情处于他的掌控之中。

如果不及时汇报工作，领导就如同得不到一线战报的战役指挥官，不知道部队进攻方向对不对、能否达成目标，就会陷入迷茫。

因此，你需要主动保持与领导的沟通，适时向领导汇报工作进展。这样，领导才会觉得你很靠谱，也自然愿意给你更多的支持，帮助你达成目标。

2.2.1 时间跨度较短的任务

像一两天之内完成的任务，对于汇报节点的要求很简单——**即时汇报**。

比如，领导要你在下班前整理出一套市场数据，以便他第二天开会使用。你要记得：一旦完成，马上向领导汇报；如果提前完成，就提前汇报。

这样做有两个好处：

如果你做得很好，领导就会觉得你做事质量好、效率高，值得信赖；

万一结果不符合领导的要求，你也给自己留下了调整修改的时间。

想象一下，你明明早就完成任务了，但还是坚持在下班前提交。如果领导发现你的成果不合格，你就会被动——不仅要加班，还给领导留下不靠谱的印象。

因此，短期任务一旦完成应该立即汇报，不可拖延。

2.2.2 时间跨度较长的任务

有些工作需要三五天甚至一两个月，乃至更久才能完成。

时间跨度越长，在过程中发生各种变化的可能性越大，与领导信息不一致的风险也就越大。这种情况下，汇报时机的选择就比较重要了。

长期工作的汇报分为定期和非定期两种。

定期汇报是指按照与领导约定的时间间隔进行的汇报，比如日报、周报、月报以及周会、月会、季度会等。

非定期汇报没有具体时间要求，完全取决于执行者的主动性。非定期汇报的时点可以用四个字概括：**有始有终**。

1．始——工作开始前汇报方案

在开始工作之前，你需要向领导详尽阐述自己的工作思路、方法、步骤和预期结果，请领导审核并批准工作方案。

> 非定期汇报的四个节点：工作开始、遇到困难、取得成绩、工作结束。

这次汇报非常重要，它能够保障你与领导就任务的目标和内容达成一致，从而在“出发”前校准方向。

2．有——有困难时汇报需求

在工作中遇到困难，或者需要做出超出权限的决策时，你需要第一时间向领导汇报。千万不要等实在扛不住了再向领导求助，这样就可能错过了解决问题的最佳时机。

遇到困难局面及时向领导汇报的好处在于：一方面领导可以及时调动资源、采取措施，帮助你摆脱困境；另一方面，你也不用承担不必要的责任。

3．有——有进展时汇报成绩

有了阶段性成果，也要及时向领导汇报。

及时汇报成绩，一来方便领导及时了解工作进度，对你的工作更放心；二来表明你心里时刻想着领导，体现出了你对领导的尊重。你眼中的小成绩，没准儿对于领导和团队具有意想不到的重大意义呢！

4．终——工作完成后汇报心得

在完成一项长期工作后，你需要向领导做一个口头或书面的系统总结。这份总结汇报要包含三个方面：告知成果、展示工作、总结经验。

其中的“总结经验”部分尤为重要。如果能阐明工作中有哪些规律可以总结，有哪些经验可以沉淀下来供大家借鉴，你的汇报就会更有深度和价值，领导会对你的能力和价值更为肯定。

领导通常不会明确要求下属做非定期汇报。但是如果你做了并且做得好，领导就会认为你是一个态度积极、工作靠谱、善于思考的员工。将来有了晋升机会，领导不提拔你还能提拔谁呢！

道生老师敲黑板

- 及时向领导汇报工作的必要性在于：____。
- 短期任务的汇报节点：________________。
- 如果是长期任务，非定期汇报工作的原则是“有始有终”，具体指的是：________________、________________、________________、________________。

道生老师留作业

- 关于汇报工作，下面的表述哪些是正确的，哪些是错误的，哪些是部分正确的？
  （1）优秀的执行者就应该“将在外，君令有所不受”。
  （2）凡事有交代，事事有回应，是下属应履行的义务。
  （3）在工作中取得了一点儿小成绩没必要惊动领导。
  （4）在工作中出现任何问题，都要第一时间知会领导。
  （5）在工作中不应给领导带来“惊喜”。
  （6）保证与领导信息同步的最好方法是定期汇报。
  （7）当天完成的任务，当天下班前提交结果既可。
- 你在汇报工作的节点选择上遇到过哪些情况？有哪些经验？

2.3　汇报工作的“路线图”

——汇报工作如何不迷失

你是否有过这样的经历？

跟领导汇报工作之前本来想好了要说什么，结果坐下没说几句，就被领导提出的几个问题带到了别的方向上。等出了领导办公室的门才发现：自己本来要说的都没说。

你有没有想过，出现这种情况的原因是什么？

你去找领导的时候为什么不会走错路？因为你对去办公室的路线已经了然于心：向前走 20 米，左转第二个门……

向领导汇报工作时要想思路不被干扰，你对于汇报的“路线”也要了然于心。当你心中有了清晰的“路线图”，就能排除干扰因素，坚定地走向自己的目标。

> 当你心中有了清晰的“路线图”，就能排除干扰因素，坚定地走向自己的目标。

在本书 2.2 节中，我们了解了汇报工作需要注意的时间节点。除此之外，我们还需要知道在每个节点具体说什么、怎么说。

一起来看看几种常用的汇报工作的“路线图”。

2.3.1　汇报执行方案

汇报执行方案的目的，是让领导认可你的工作思路，批准你的工作计划。你需要在工作开始时就与领导校准方向，避免刚起步就“跑偏”。

汇报执行方案的时候，你可以使用**“明星（STAR）模型”**。

- 工作背景（Situation）：介绍工作开展的背景形势和必要性。

- 工作策略（Tactic）：介绍工作实施的目标、思路和策略。
- 行动计划（Action）：详细说明工作实施的具体措施、时间进度安排和关键节点，以及人员职责分工。
- 资源需求（Resource）：提出对各种资源的需求规模，以及需要领导给予的支持等。

2.3.2 汇报工作进展

汇报工作进展的目的是让领导及时了解工作进程、工作内容和资源使用情况。

汇报工作进展除了例会等定期汇报形式外，还包括各种不定期汇报。在向领导汇报工作进展的时候，最好使用“**PDCA 模型**”。

- 工作计划（Plan）：按照预定方案，应该达到的工作进度和工作成果是怎样的。
- 实际进展（Do）：实际完成情况是怎样的。在介绍工作进展时，最好不要用“进展顺利”“按计划进行”这样模糊的描述，而是要使用准确的数字：时间进度是百分之多少，实际工作进度是百分之多少，与计划相比有多大偏差；成本支出是多少，与预算进度相比偏差多少等。
- 表现分析（Check）：按时/未按时完成的原因是什么，哪些是主观原因，哪些是客观原因，有哪些经验和教训可以总结。
- 行动计划（Action）：在下个阶段工作中将采取哪些措施，期待达成怎样的结果。

2.3.3 汇报工作难点

在工作中遇到难点或者问题时，要及时向领导汇报。汇报时描述问题固然重要，但领导更看重的是你对问题的认识深度，更想听到你有怎样的解决思路。

汇报工作难点的时候，你可以使用“**PRC 模型**”。

- 问题（Problem）：你需要客观准确地描述遇到的困难或问题。在汇报前，你需要对信息进行认真查证，如果没有把握就不要轻易下结论，更不能妄自揣测，以免误导领导决策。
- 原因（Reason）：你需要根据掌握的信息和自己的判断，分析问题产生的原因。
- 行动（Conduct）：你需要提出几个可供选择的解决方案，在进行优劣势分析的基础上，提出一个倾向性的建议，最后由领导做出决断（关于提出方案的技巧，参见本书 2.1 节中的内容）。

2.3.4　汇报工作成果

汇报工作成果的意义不仅在于展示工作业绩，更重要的是通过汇报进行系统反思，总结经验教训，实现“做中学”。

在汇报工作成果的时候，建议你使用“**起航（SAIL）模型**”。

- 工作总括（Summary）：对工作背景、目标、策略和达成效果进行概括性叙述。
- 业绩描述（Achievement）：从定量和定性两方面，详细描述工作取得了哪些成果。这部分越详细越好，最好用数字和图表展示出来。
- 回顾反思（Introspection）：做得好的地方，取得成绩的原因是什么，可以从中总结出怎样的经验；做得不好的地方，问题出在哪里，自己在工作意识和工作方法上需要进行哪些提升。
- 提升计划（Look ahead）：你给自己设置了哪些新的业绩目标，给自己提出了哪些新的要求；你承诺在哪些方面提升自己的能力，为此你将采取哪些具体行动。

借由对提升计划做出承诺，你要展现出对自己的严格要求，让领导看到你的成长潜能！

道生老师敲黑板

- 请将汇报工作的时间节点与汇报表达模型连上线。

PDCA 模型	汇报执行方案
STAR 模型	汇报工作成果
SAIL 模型	汇报工作难点
PRC 模型	汇报工作进展

- “明星（STAR）模型”包含的要素：________________。
- “PDCA 模型”的四个步骤：________________。
- “PRC 模型”的要素：________________。
- “起航（SAIL）模型”由哪四个步骤构成？________________。

道生老师留作业

- 在本书 2.1 节的课后作业中提到：公司要组织员工体检，领导要你选择一家体检机构。请你想象汇报执行方案、汇报工作进展、汇报工作难点、汇报工作成果四种场景，分别使用对应的模型进行汇报。

2.4 与领导共舞

——汇报工作让领导开心

一对一汇报是职场人的日常工作。一次成功的汇报不仅可以解决在工作中遇到的问题，同时也是一次与领导加深了解、加强信任的机会。

要想让一对一工作汇报变得轻松愉快，你需要把领导当作“舞伴”，将汇报工作视为与领导“共舞”的过程。

2.4.1 获得允许

在邀请舞伴时你需要征得对方同意。同样的，汇报工作你也要获得领导的允许。

首先你需要留意，一周中的哪些日子和一天当中的哪些时段领导相对空闲。如果不是特别紧急的事情，汇报工作最好选择领导不忙的时候。选对汇报时间，才能保证汇报时间充足而且领导精力集中。

其次，你要观察领导的精神状态。如果领导刚刚被他的上级批评过，或者因为其他的烦恼而心情不佳，最好就不要贸然打扰，以免沦为“出气筒”。

领导最害怕的，就是下属闯进来就开始说话。这会让领导很焦虑：打断吧，担心下属有重要的事没来得及说；不打断吧，不知道下属要说多久，从而担心影响后面的日程安排。

比较稳妥的做法是，一开始就告知领导你将大致占用多长时间，汇报几个事项，然后将每件事做个简要介绍，例如：“领导，请问您现在方便吗？我想占用您二十分钟时间，和您汇报三件事：第一件是关于项目提案的修改，第二件是项目预算申请，第三件是我下周的出差计划。您看可以吗？”待领导允许后，你再逐项详细汇报。

如果有很多事项需要汇报，你需要将汇报事项按重要程度进行排序，优先选择领导可能最关心的三项工作进行详细汇报。其他不太重要的事项归类到“其他”中，汇报完重要的事项之后如果还有时间，你可以说：“还有其他几件事，我一并向您汇报一下。”

如果有很多事项需要汇报，要选择领导最关心的事项优先详细汇报。这就是职场表达的第四个原则——“避轻就重”。

这就是职场表达的第四个原则——**“避轻就重”**。

2.4.2　步调一致

在跳舞的时候，你需要让自己与舞伴的步调和谐一致。同样的，汇报工作你也要与领导“合拍”，采用其最喜欢的沟通方式。

汇报工作也要与领导“合拍”，采用其最喜欢的沟通方式。

领导的沟通风格大致可分为四种类型：老虎型、猫头鹰型、孔雀型和考拉型。

1. 老虎型领导的沟通要点

老虎型领导通常比较强势，倾向于控制沟通过程。他们以结果为导向，说话简单直接，不喜欢纠缠细节。他们喜欢打断别人讲话，催问“结果是什么”“下一步的行动是什么”。老虎型领导的缺点是比较缺乏耐心，不善于倾听。

与老虎型领导“共舞”需要开门见山，快速切入核心要点，表达要简明扼要。在沟通中既要表现出对权威的尊重，也要有自己的态度。

2．猫头鹰型领导的沟通要点

猫头鹰型领导既关注结果，也注重过程的正确性。他们擅长分析和思考，喜欢问“为什么”。他们善于抠细节、找证据，做事深思熟虑，对风险非常敏感。猫头鹰型领导的缺点是做事偏谨慎和保守，决策过于理性，有时显得不近人情。

向猫头鹰型领导汇报时，数据和事实务必准确，逻辑要严谨，操作要规范。你要多倾听领导的想法，赞同他的逻辑。

3．孔雀型领导的沟通要点

孔雀型领导头脑灵活、富有创意，善于鼓动和激励别人。他们快言快语、长于表达，在不同话题之间能够快速切换。孔雀型领导的缺点是比较容易冲动，做事过于依赖直觉和感情。

与孔雀型领导互动，你需要与他们“同频”：像他们一样富有想象、思路灵活，像他们一样充满热情、神采飞扬。你需要经常欣赏和赞美他们的智慧才华，孔雀型领导很吃这一套。

4．考拉型领导的沟通要点

考拉型领导温和友善、善解人意，善于耐心倾听。他们的沟通节奏比较慢，遇事不善于很快下结论，有想法时表达得也很含蓄，喜欢说“我考虑考虑”。考拉型领导的缺点是容易犹豫不决，做事态度比较被动，不愿直面冲突。

与考拉型领导交流时，你要有意放慢沟通节奏，要有耐心，不要催促领导马上做决定。说服时要以“整体利益”“他人感受”为着力点，避免过于激进的想法和剧烈的改变。

2.4.3 察言观色

有经验的舞伴会通过观察对方来调整自己的状态。汇报的时候，你也要随时观察领导的身体语言（见表 2-1），进而调整汇报进程。

表 2-1　领导的身体语言

部位	对汇报感兴趣的表现	对汇报不感兴趣的表现
身体	• 身体正面朝向对方 • 身体向对方倾斜	• 身体侧转，不正面朝向对方 • 身体向后靠，与对方拉开距离 • 双手放在椅子扶手或膝盖上，同时身子前倾，好像要站起来的样子
头部	• 缓慢地点头，次数不超过三四次	• 与内容脱节的连续快速点头 • 持续地低头
眼睛	• 眼神专注地看着对方	• 眼神游离，左顾右盼 • 低头看时间
手势	• 轻轻地搓动双手 • 单手握拳托着下巴 • 抚摸下巴	• 用手遮住嘴巴 • 用手抵着额头 • 竖起食指，挨着脸颊，把大拇指抵在下巴上 • 双臂交叉环抱在胸前

2.4.4　表达尊重

一曲结束，你需要将舞伴送回座位并致谢。领导花费时间和精力听你汇报，你同样需要表达必要的尊重。

首先，汇报工作的时候要随身带着笔记本。当领导提出建议和做出决定的时候，要随时记录下来。这不仅仅是为了避免遗漏，同时也是尊重领导意见的表现。

其次，在汇报完毕之后，你需要对领导给予的指示做一个总结，例如："根据您的指示，我马上去落实以下几项工作……您看还有什么补充吗？"这表现了你对领导指示的重视。

最后，你要坦然接受领导的不同意见，甚至是批评。

领导站位不同，考虑问题的参考因素不同，有些决定是员工暂时不能完全理解的。即便汇报结果不理想，你也要表达对领导的尊重："感谢您花时间听我汇报，并给予宝贵的指导意见。我会好好总结、领会您的意见，争取下次的汇报能够让您满意！"

道生老师敲黑板

- 向领导汇报工作之前，应如何获得允许？________________________
____。

- 领导的沟通风格大致可分为哪四种类型？在一对一汇报时需要注意什么？

沟通风格	沟通特点	下属的沟通策略
老虎型		
猫头鹰型		
孔雀型		
考拉型		

- 领导对汇报内容是否感兴趣，在肢体语言上是如何体现的？

部　位	对汇报感兴趣的表现	对汇报不感兴趣的表现
身体		
头部		
眼睛		
手势		

- 在汇报中，下属应通过哪些方式体现对领导的尊重？____。
- 职场表达的四个原则分别是：____________、____________、____________、____________。

道生老师留作业

- 假设你需要向直属领导做一次汇报，内容包括以下六个事项。你该如何开口呢？
  （1） 下周给客户展示的方案需要领导审核。
  （2） 申请采购一台新的笔记本电脑。
  （3） 部门人手不够，两个岗位需要招聘人员。
  （4） 下季度的绩效考核表需要领导审批。
  （5） 第二天有一个重要客户来参观，需要领导接待。
  （6） 家里有人生病，你想请五天事假。
- 请在你所经历的领导中，针对四种沟通风格各找到一个代表，描述一下他们的表现。
- 你善于和哪种风格的领导沟通？和哪种风格的领导沟通有障碍？为什么？

2.5　打有准备的“遭遇战”

——应对电梯汇报有信心

“电梯汇报”和很多重要的职场表达工具一样，都是源于全球著名的麦肯锡咨询公司（McKinsey & Company）。

一天，麦肯锡公司的一位项目经理在电梯里偶遇了客户的老板。这位项目经理想不失时机地汇报一下项目进展。他刚介绍了背景，还没来得及说出关键结论，电梯门就开了，客户老板摇了摇头径直走了出去。

这件事后来被麦肯锡公司的管理层知道了。他们痛定思痛，要求所有咨询顾问必须具备在最短的时间里，用精准的语言完整阐述观点的能力。

这就是“电梯汇报”的由来。

所谓“电梯汇报”不过是个形象的说法。它泛指在时间有限的情况下，有目的地与对方进行一对一的沟通。

这是一种很有难度的汇报。首先，汇报的时间、地点是无法预期的；其次，对方很难在这样的场合中集中注意力；最后，汇报时间很短，你大概只来得及提出一个观点，再阐述两三条论据。

“电梯汇报”堪称一场猝不及防的“遭遇战”，如果完全指望自己临场发挥，当然会“压力山大”。

在军队里，应对“遭遇战”的方法就是反复演练战术。枪声一响，队形如何展开，每个人占据哪个位置，谁负责警戒，谁负责掩护，谁负责还击……都要事先训练精熟，形成身体记忆。只有这样，真正发生敌情的时候，一切动作才会成为本能反应。

应对“电梯汇报”也要演练套路，打有准备之战！

你需要清晰你和对方沟通的目的是什么。

除了让对方当场决策，还有一种目的是激发对方的兴趣，为以后的详细沟通创造机会。目的不同，使用的表达结构就会不同。

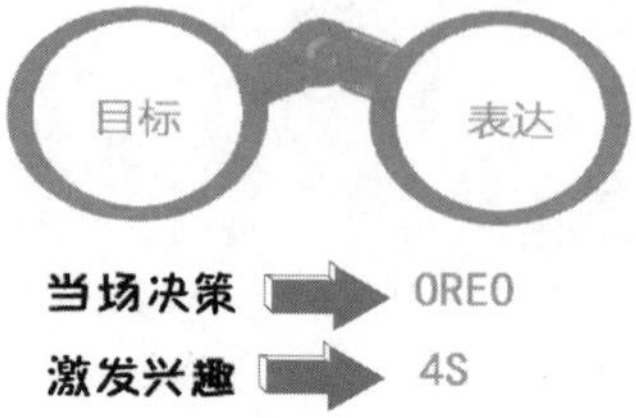

如果几句话就能说清楚情况，你的目的就是请对方当场决策。这时候，就要使用在本书 1.4 节中提到的“**奥利奥（OREO）模型**”。

- 观点/需求：领导，我想请您见一家客户服务满意度测评机构。
- 原因/理由：这家机构行业口碑很好，项目实施经验丰富，报价也很合理。
- 预期/后果：您和他们当面谈了之后，就更方便选择了。
- 观点/需求：请问您这周哪天有时间，我约他们过来见您一下？

如果你想让对方当场做出决策，就要“结论先行”，让对方对于你要他做什么有所预知。

> 如果你想让对方当场做出决策，就要“结论先行”，让对方对于你要他做什么有所预知。

如果要汇报的内容比较复杂，“电梯汇报”只要能激发对方的兴趣就够了。

对方如果同意另约时间进行进一步沟通，你的目的就已达到了。这种情况下，推荐你使用“**4S 模型**”。

- 情况描述（Situation）：领导，我已经和五六家评测结构进行了沟通，对每家的情况有了深入了解。
- 解决方案（Solution）：我建议请采购部搞一次招标。
- 支持理由（Support）：因为每家机构都有自己的优势和专长，招标可以形成竞争，同时也让选择过程公平、公正、公开，减少争议。
- 后续建议（Suggestion）：我拟定了一个招标实施方案。今天下午您如果有时间，我想跟您详细汇报一下。

如果你想激发对方的兴趣，争取进一步沟通的机会，就要层层铺垫，最后提出诉求。对方只要一点头，你的目的就算达到了。

> 如果想激发对方的兴趣，争取进一步沟通的机会，就要层层铺垫，最后提出诉求。

需要注意的是，“电梯汇报”往往发生在公共空间中，而公共空间并不是一个理想的汇报场合。在开口之前，你需要观察时机是否恰当。

你要留意对方的状态。如果对方神态轻松，甚至主动开口挑起话题，那就是“电梯汇报”的恰当时机。反之，如果对方表情严肃、低头沉思，或者正在打电话，就不要贸然打扰了。

你还要留意周围的环境。当你想向领导汇报请示工作，但领导身边有别人在场时，就要当心了。

如果领导身边的人是客户或陌生人，从保守商业秘密的角度考虑，最好只是打个招呼或者简单寒暄几句。

如果领导身边的人是你的同事，只要不是特别紧急的事，先跟领导打招呼，再和同事打招呼就可以了。最好克制当下汇报请示的冲动，以免给某些人造成“故意出风头”的感觉。这算是小小的“职场心机”吧！

道生老师敲黑板

- 在“电梯汇报”时，要对方当场决策使用的工具：______________________；
  要对方同意另约时间详细沟通使用的工具：______________________。
- “电梯汇报”时为避免尴尬，要留意哪些细节？______________________
  ____。

道生老师留作业

- 请一位同事扮演领导，向他进行两次汇报：一次目的是“当场拍板”，另一次目的是“另约时间”。每次的时长控制在30秒内。
  事后自己总结是否将想表达的意思说完整了，请同事反馈你在汇报时的表达是否清晰、逻辑是否分明。
- 在30秒内向别人介绍本书，令他/她对本书产生兴趣。

第三章

人际交流用心表达

* 真诚感谢要怎样表达
* 如何求人不易被拒绝
* 如何礼貌地拒绝别人
* 在职场中犯了错该怎么办

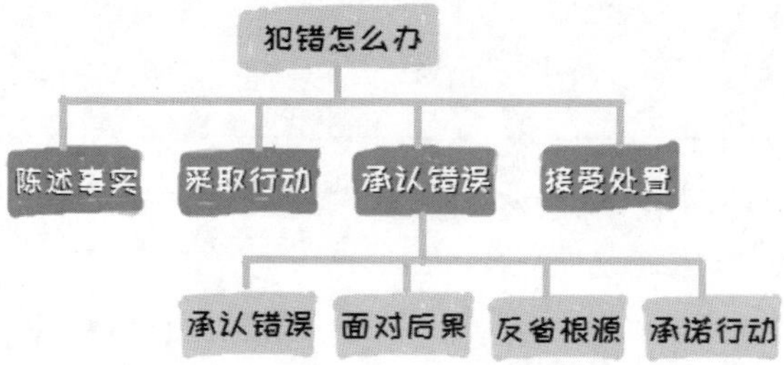

3.1 让你的感谢有“分量”

——真诚感谢要怎样表达

对于别人给予的帮助要道一声：“谢谢”，这个规矩人人都懂。可是你知道吗？职场上的道谢也是有学问的。

像请同事帮忙捎个外卖、代替复印个文件这类小事，诚恳地道一声：“谢谢”也就够了。

但是，当别人为你在时间、金钱、精力上付出了代价，或者在你最艰难的时刻伸手相助，仅仅一句“谢谢”就显得“分量”不够了。你需要让对方感受到你的真情实意。

如何让对方感受到你的真诚呢？分享一个表达真诚感谢的**“宝来（BORA）模型”**。没错，就是宝来汽车的英文名“BORA”！

> 要想让对方感受到你的真诚，你需要使用“宝来模型”。

“宝来（BORA）模型”由四个步骤构成。

- 行为（Behavior）：对方为你做了什么。
- 结果（Outcome）：对方的行为如何帮到了你。
- 认可（Recognition）：从能力/修养/品质层面发现对方的闪光点。
- 致谢（Acknowledgement）：在言语或者行动上表达感谢。

举个例子。你第二天有一个非常重要的汇报，因此晚上加班做准备。一位同事自愿留下来，帮你跑前跑后整理汇报材料，一直陪你工作到后半夜。

如果你只说一句：“感谢你陪我加班！”就显得轻飘飘了。要想真诚地表达对他/她的感谢，你需要使用“宝来（BORA）模型”。

- 行为：你一直陪我加班，帮我做了那么多的事。
- 结果：要是没有你的帮助，我真的无法完成这么多准备工作。
- 认可：你这么无私相助，让我非常感动。
- 致谢：明天下班别走啊，我请你吃大餐。

再举个例子。假如在会议上领导对你的汇报提出了严厉质疑，让你很下不来台。这时候，一位同事巧妙地替你圆了场，使得你的汇报能够顺利完成。

会后，你就需要应用“宝来（BORA）模型”向他/她表达真诚感谢。

- 行为：今天幸亏你在领导面前拔刀相助，帮我解了围。
- 结果：要不是你出手相救，我的脸面就丢尽了。
- 认可：你总是这么仗义，真是太够意思了。
- 致谢：今后有什么事尽管说，我在所不辞。

有没有感到，应用了“宝来（BORA）模型”后，感谢就变得厚重有力了？以后你在街上一看到宝来汽车，就会很自然地联想到真诚感谢的“宝来（BORA）模型”啦！

还想让自己的感谢更真诚、更有“分量”吗？那就要再加上神奇的三字咒语——**“特别是”**。

BORA+特别是

在行为（Behavior）环节中，你需要用“特别是”来描述对方对你最有帮助、最让你感动的行为。

> 你需要用“特别是”来描述对方对你最有帮助、最让你感动的行为。

还是刚才那两个例子，让我们加上神奇的三字咒语**“特别是”**，看看有什么差别。

- 你一直陪我加班，帮我做了那么多的事。**特别是**帮我检查错别字、核对数字，还一趟趟复印材料，连水都顾不上喝一口。要是没有你的帮助，我真的无法完成这么多的准备工作。你这么无私，让我非常感动！明天下班别走啊，我请你吃大餐！
- 幸亏你在领导面前拔刀相助，帮我解了围！**特别是**替我回答了两个最难的问题，当时我已经大脑一片空白，不知道该怎么办了。要不是你出手相救，我的脸面就丢尽了。你总是这么仗义，真是太够意思了！今后有什么事尽管说，我在所不辞！

一旦有了**“特别是”**三个字，你的感谢就不再是泛泛而谈，而是变得更有温度。

真诚的感谢，就是要具体和真实地表达感谢，而不是单纯的礼貌和敷衍。

真诚的感谢，就是你真正看到了别人为你做了什么，就是你真正看到了对方的卓越品质！

道生老师敲黑板

- “宝来模型”的四个步骤：________________、________________、________________、________________。
- 神奇咒语“特别是”的作用：________________________________。

道生老师留作业

- 应用“宝来模型”，改写下面的三句话。
  （1）感谢你和我聊了一下午，我学到很多！
  （2）感谢你及时解答我的疑问！
  （3）感谢你资助贫困山区小学！
- 将上面三句话分别加上“特别是……”，再感受一下区别。

3.2　不可不知的“求人术”

——如何求人不易被拒绝

很多人觉得求人办事是一件很为难的事。

有些人不愿意向别人求助，是怕“欠人情”——一旦接受了别人的帮助，还要想办法还上这份人情，想想就挺麻烦的。

可是你知道吗？在人际关系中存在“动态平衡效应”：当甲得到乙的帮助时，就会想回报对方以获得心理上的平衡。如果甲的回报比之前得到的帮助多一点点，乙同样也会产生回馈给甲的动力。

正所谓“投我以木桃，报之以琼瑶”，关系就是在这样的互动中实现“动态平衡”，从而不断得到增强的。适当地请别人帮忙，再寻找机会回报，会让关系更加紧密。

> 适当地请别人帮忙，再寻找机会回报。关系就是在动态平衡中不断得到增强的。

有些人不愿意求人，是因为不知道该如何把握时机、如何表达自己的需求，害怕因为表达不当而遭到拒绝。

在职场上不能拒绝麻烦别人。适度的需求、适宜的表达，可以让求人办事成为关系发展的“助推器”。

在职场上该如何开口求人帮忙呢？你需要了解“**CDEFG法则**”。

能力（Capability）需求不应强人所难
具体（Details）需求描述要具体
放松（Ease）不给对方带来压力
互利（Favor）主动承诺报答方式
渐进（Gradually）先小事，再大事

3.2.1 能力

如果让一个新入职的大学生帮忙审核项目方案，显然超出了其能力范围；如果同事的工作压力已经很大了，你再请他帮忙，对方肯定是有心无力的；让别人做出超出其权限范围，甚至违反公司制度规定的事情，那就更不应该了。

请人帮忙，要确保自己的需求没有超过对方的能力、精力和权限，不能强人所难。

3.2.2 具体

如果有人求你：“拜托你今晚帮我审核一下发言稿好吗？”你是不是会很为难？——审核发言稿的维度很多，是内容、结构、逻辑、文法，还是格式呢？要是都看，那可是一份工作量很大的工作！

要想不吓跑别人，请人帮忙时你要把需求描述得越具体越好。像上面的需求就应该具体一些：“这个发言稿的‘改进措施’部分，我不确定想得是否周全，想请你帮我看一下。”这样对方就能够评估需要付出多少精力，也就更容易答应你了。

3.2.3　放松

求人帮忙，不能给对方带来“非答应不可”的压力。你要让对方感到这个忙可帮也可不帮，决定权在他自己手上。你越让对方感到放松，对方就越有可能答应你的需求。

例如，“这个发言稿的‘改进措施’部分，我不确定想得是否周全，想请你帮我看一下。你也挺忙的，能看的话就简单看看，实在忙不过来就算了。没关系啊！”当你这么说的时候，对方的心理压力就会小了很多，没准儿就答应了。

3.2.4　互利

别人肯帮你忙，尽管嘴上不说，心里还是期待某种“利益交换”的——获得你的某种报答或补偿，或者日后有需要时也能得到你的援手。

在求人帮忙的时候，如果主动就报答方式做出承诺，就更容易获得应允，例如：“我这里有个视频会议走不开，麻烦你替我到公司门口取一下餐好吗？下次我也帮你取啊！”“拜托把我的开发需求排在前面，今晚我请你吃麻辣小龙虾！”

3.2.5　渐进

心理学家发现，一个人在行为上趋向于与自我认知保持一致。

在求人办事时，你可以先提出一个小小的要求，让对方轻而易举地满足你，在这个过程中使之建立自我认知。然后你再提出更大的要求，对方为了保持与自我认知一致，再次答应你的概率就会大大提高。

例如，如果你想直接请求对方帮你修改整个文案，被拒绝的可能性就会比较大。这种情况下，你可以“大事化小”，先请对方帮你优化一下文案的标题，这个难度就会小很多。

如果对方满足了你的请求，你要表达真诚的赞赏：“你真是顶尖高手！果然功力不凡！”然后再提出进一步的请求：“关于文案内容，我的思路也一直很匮乏，要不你也给我指点一下？”对方为了保持“顶尖高手”的自我认知，就很可能会答应你了！

道生老师敲黑板

- 职场求人帮忙的“CDEFG 法则”指的是：

  C________________。

  D________________。

  E________________。

  F________________。

  G________________。

- “动态平衡效应”的含义：____。

道生老师留作业

- 在“CDEFG 法则”中，哪些因素是你在求人办事时经常考虑的？除了文中提到的因素，你还会考虑哪些因素？
- 关于“动态平衡效应”，你能举出更多的例子吗？

3.3 这样拒绝不伤感情

——如何礼貌地拒绝别人

“帮我倒杯水。”“好的。”

“帮我取一下外卖。”“好的。”

“我有事先走了，你帮我把这些材料复印十份。”“好的。”

在职场上，同事之间在有需要时出手相助是理所应当的事。正如本书 3.2 节中所说，关系就是在彼此的帮助和回报中得到发展的。

可是，有一些人从不拒绝别人提出的要求——哪怕自己心中百般不愿意，也会硬着头皮满足别人。心理学上称这类人为“讨好型人格”。具有“讨好型人格”的人会认为，无条件满足别人的需求才能体现自己的价值。

可是，帮助别人不应以损害自己的利益为代价。不懂得拒绝的人，会被人随意支使。无条件地做“老好人”并不能带来好人缘，也无法真正赢得别人的尊重。

帮助别人需要具有“底线思维”。所谓“底线思维”，就是在帮助别人时，为自己设立一条不可逾越的底线。

> 所谓“底线思维”，就是在帮助别人时，为自己设立一条不可逾越的底线。

- 精力的底线：当你已经达到精力极限。
- 能力的底线：当你不具备帮助别人的能力。
- 价值的底线：当与更有价值和意义的事情冲突。
- 规则的底线：当应允别人会违背规章制度和法律。
- 自尊的底线：当满足别人的要求会损害你的尊严。
- 利益的底线：当满足别人的要求会严重损害你的个人利益。

拥有“底线思维”是一个人成熟的标志。有底线的人清楚自己的个人边界在哪里，自己能够接受什么，不能接受什么。他们知道自己有权利拒绝，也知道如何保护自己。

当然，即便是拒绝也不能做得太决绝。一开口便是：“我没时间！”“你自己不会做吗？”——拒绝的目的是达到了，却从此“友尽”了。

> 最好的拒绝，就是既坚定回绝了对方的要求，又不伤感情，即所谓“温柔的坚持”。

最好的拒绝，就是既坚定回绝了对方的要求，又不伤感情。这就是所谓“温柔的坚持”：温和——语气上要委婉柔和；坚定——即便对方再死缠烂打，也要坚持自己的决定。

和大家分享一个既拒绝要求又不伤感情的套路——**“汉堡包拒绝法”**。“汉堡包拒绝法”的三个步骤是：倾听—拒绝—连接。

3.3.1 倾听

既不要急于同意，也不要急于拒绝。你可以邀请对方坐下来详细说说他的需求。

对方可能会向你发牢骚，例如："真是累死了，干不完的活儿！"你在倾听的同时，表达一下你的感同身受："领导也真是的，你都这么忙了怎么还给你派活儿呢！"同时你也倒倒苦水，谈谈自己这边的不易。有时候，对方释放压力后就可能说："算啦，都不容易，我还是自己扛吧！"闭口不提请你帮忙的事了。

遇到需求不要急着说行或者不行，静下心来帮对方分析问题是否真的存在，有没有更好的解决办法。当你真的听懂了对方的需要，才能判断是否需要拒绝，而不至于发生误解。

> 当你真的听懂了对方的需要，才能判断是否需要拒绝，而不至于发生误解。

倾听能让对方感到被尊重。即便你最终拒绝，对方也不会觉得被轻慢。

3.3.2 拒绝

如果你决定拒绝对方，就要提前准备好拒绝的策略，做到"有礼、有利、有节"。

1．实话实说

当对方的要求突破你的精力或能力底线时，你应该实事求是地说："我很想帮你，可是我实在忙不过来了。"或者"这方面我实在不擅长。我可能非但帮不到你，还耽误你的事情……"

2．移花接木

当对方的要求突破你的能力底线时，你也可以帮对方推荐其他途径，例如："做项目预算我不熟，怕做不好。不过财务部的同事经常审预算，肯定更有经验，他们或许可以帮到你。"

向对方推荐更适合的资源时，你最好不指向具体的人，而是指向一个群体、一个方向。这样既能帮对方解决问题，又不至于得罪别人。

3．借力打力

当对方突破你的规则底线时，你需要强调不是不想帮忙，但是由于制度、规定等客观原因爱莫能助，例如：“我是想帮你，可是制度规定不能代打卡……”“我知道你很需要这个东西，可是领导三令五申要求严格管理……”

4. 缓兵之计

当对方的要求突破你的利益或价值底线时，你可以既不应允也不拒绝，而是把表态时间向后拖延：“我看一下时间安排好吗？”“等一会儿有空我再打电话联系你。”对方如果是聪明人，就会知趣而退了。

5. 讨价还价

当对方的要求突破你的精力底线时，你可以在期限、内容和数量上与对方“讨价还价”，例如：“明天早上肯定完成不了，晚上还差不多（期限）。”“你自己先做，做完了我给你把关好吗（内容）？”“全文肯定看不完，我帮你看看核心结论这部分吧（数量）。”

需要留意的是，上面的这些方法适用于同事之间。领导布置任务时，如果贸然拒绝会给领导留下很不好的印象。因此，如果是领导的要求，只要不是太过分就要尽量满足。

如果必须拒绝领导，强调精力冲突是比较稳妥的做法。

例如，领导想让你加班帮他写第二天用的汇报稿，你可以让领导知晓你的困境。“我很想替您做这件事。不过我现在正在赶一个客户急需的设计方案，他们要求明天上班务必提交。”然后你征求领导意见：“要不我把客户的方案先放一放？或者您安排个人把我这件事接过去？”领导十有八九就会说：“算了，客户要紧，你忙你的吧！”

3.3.3 连接

不论怎样，求助被别人拒绝都不会是愉快的经历。

在拒绝他人之后，你要用温暖的语言表达歉意，并表达继续保持关系的意愿：“很抱歉这次没能帮到你。如果下次你有需要，尽管来找我，看看我能为你做点儿什么。”“抱歉这次不能参加聚会了。下次有机会我一定会参加，别忘了叫上我哦！”

除此之外，你还可以有一些加强连接的举动。

如果是普通同事，下次见面时不妨主动微笑、打招呼，并关心一下对方所求之事的进展：“昨天你做到了几点？顺利吗？”“那个汇报后来怎么样？”

如果是关系不错的朋友，还可以请对方吃个饭，或者找机会送个小礼物联络一下感情。

这个拒绝别人的方法如同汉堡包，前后是温暖的尊重和关怀，中间是清晰而坚定的立场。这样的拒绝既没有突破底线，又不至于伤害感情，正所谓“温柔的坚持”。

下次当你需要拒绝别人的时候，不妨尝试一下“汉堡包拒绝法”。

道生老师敲黑板

- “汉堡包拒绝法”的三个步骤：__________、__________、__________。
- 拒绝同事要求可以考虑的方法有：__________、__________、__________；__________、__________。
- 拒绝领导要求比较稳妥的方法：______________________________。

道生老师留作业

- 你身边有“讨好型人格”的人吗？他们有哪些行为特征？他们的人际关系怎么样？
- 你具有“底线思维”吗？在别人求助于你的时候，你有哪些不可逾越的底线？
- 你有过成功地拒绝别人（既达到目的又不伤感情）的经历吗？你从中得到了哪些经验？

3.4　坏事可能变好事

——在职场中犯了错该怎么办

在职场上，哪个人不是在错误中成长起来的？

犯了错不能诚惶诚恐，更不要逃避、掩盖、推诿。领导更关注的，是你如何对待错误，是否能够在错误中获得学习和成长。

如果处理得当，领导会看到你勇于承担、深刻思考、做事干练的职业素质，从此对你刮目相看。坏事没准儿会变成好事。

在这里和大家分享一个处理职场错误的“**FACT 模型**”。

- 陈述事实（Fact）。
- 采取行动（Action）。
- 承认错误（Confession）。
- 接受处置（Treatment）。

3.4.1 陈述事实

假设你和领导去外地参加一个重要项目的投标。按照事前分工，你负责携带所有的投标文件。

在投标前一天，你们乘飞机赶到客户所在的城市。在宾馆里整理文件的时候，你突然发现一套重要的技术文件落在公司里了！

这时你该怎么办？你会慌慌张张地跑到领导面前说“大事不好”吗？

在职场上不论发生任何情况，都要保持镇定。

首先，遇事不慌、沉着冷静是良好职业素养的表现。其次，领导们经验丰富——你认为天塌下来的事情，在领导看来可能是小事一桩；你认为无所谓的事，在领导那里反而可能性质严重。因此，不要以你的判断为标准。

当然，你也不能贸然采取行动。

如果你擅自行动，结果因为自己能力、资源有限导致局面无法收拾，这时再向领导汇报，就可能错过了解决问题的最佳时机。退一步讲，就算你自己偷偷把事情解决了，领导一旦事后得知，也可能认为你故意隐瞒情况，从此对你失去信任。

你需要做的，就是第一时间找到领导，原原本本地向他描述事实：

“领导，我刚刚发现了一个情况。关于技术方案介绍的一套文件，我不小心落在公司里了。”

在这个环节中，你只需要向领导呈现事实。如果领导不问，这个时候你不需要急于解释原因。

3.4.2 采取行动

有人汇报情况后会马上忙不迭地道歉："都是我的错，我没做好……"

领导现在最需要的是你的道歉吗？肯定不是。领导最关注的是——这事如何解决！

当下最重要的不是道歉，也不是问责，而是采取行动纠正错误，将损失降到最低。你可以说：

"我知道有一种快递，如果现在寄出，明早应该可以送到。咱们投标是在下午，应该赶得上。实在不行的话，就得请人坐飞机送来了。我查了一下，今天下午六点有一个航班，马上动身还来得及。为保险起见，我倾向于坐飞机送过来。这次责任在我，我来承担所有费用。"

出了问题不能问领导："您看怎么办？"如果你只是提出问题而没有提供解决方案，就等于把难题推给领导了。这时候你需要按照本书 2.1 节中推荐的策略，让领导做"选择判断题"——不论方案是否可行，你都要提供多个选项，并提出自己的倾向性建议，请领导决断。

3.4.3 承认错误

在问题解决之后，你就需要真诚地向领导道歉了。

美国有一位道歉学专家指出，真诚的道歉需要包含四个要素：承认错误、面对后果、反省根源，以及承诺行动。

> 真诚的道歉包含四个要素：承认错误、面对后果、反省根源、承诺行动。

我们从四个步骤中各取一个字，就是"错、后、省、动"，简称**"错后省动模型"**。

1. 承认错误

你需要坦承自己做错了什么事，例如："我走之前没有认真检查文件。"

承认错误不能夹带附加条件，像是："我犯了错，那是因为……""我是犯了错，可那不是我本意……"这不是道歉，更像是披上道歉伪装的自我辩护。

2. 面对后果

你需要承认自己给对方带来了伤害，例如："我的失误给投标工作带来了极大不便，占用了同事们的时间和精力。"

这是非常重要的环节。有些人为了逃避责任，对造成的后果避而不谈或者轻描淡写，这对被伤害的一方是极不尊重的。

3. 反省根源

反省不是自我谴责。你需要反思：究竟是怎样的思维惯性或行为模式导致了这样的后果，例如："我没有遵守工作流程""我这人做事总是马马虎虎的"。只有深刻反省自己的固有模式，日后才有可能避免重蹈覆辙。

4. 承诺行动

最后，你需要做出承诺：今后如何改进自己的工作，采取哪些有效的预防措施，避免类似问题再次发生。

人非圣贤，孰能无过。不论在生活中还是职场上，真正的智慧在于"不贰过"——不在同一个地方跌倒两次。高手们会立即采取行动，通过每天的训练改变思维方法和行为模式，从而建立新的行为习惯。

3.4.4 接受处置

犯了错，就要对领导的处置做好充分的心理准备。

你不能指望领导像父母那样无条件地包容你——有的领导态度会很严厉，有的领导说话可能会很难听。

> 在面对领导批评时，要善于将领导的情绪和意图剥离开，以真诚的态度回应领导的批评。

高情商的下属在面对领导的批评时，会善于将领导的情绪和意图剥离开。他们会以真诚的态度回应领导的批评："谢谢领导的批评，我会深刻总结这次的教训，好好领会您的指正意见，感谢领导的栽培！"

在职场上犯了错不可怕。犯了错如果能够坦率承认、深刻反省并积极改正，领导就会认为你是个"可造之材"，因而给你更多证明自己的机会。

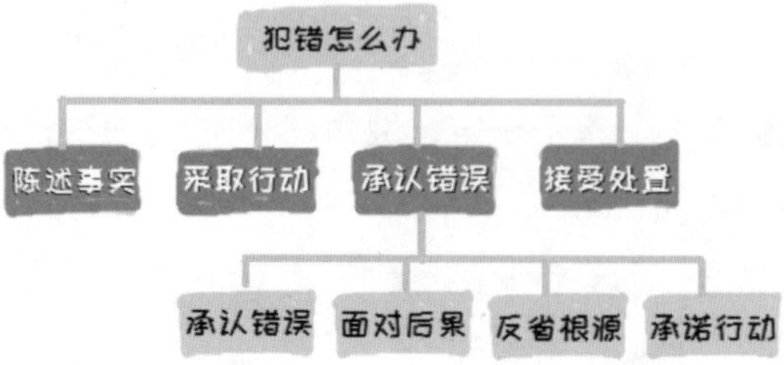

道生老师敲黑板

- 处理职场错误的“FACT模型”包含的四个步骤：__________、__________、__________、__________。
- “错后省动模型”的四个要素：__________、__________、__________、__________。

道生老师留作业

- 假设在项目中，由于你的马虎造成数据出现错误，导致项目组一周的成果付之东流。你该怎样向领导道歉？
- 在网络上找到公众人物道歉的例子。应用“错后省动模型”，分析他们的道歉是否真诚。

第四章

职场沟通恪守规范

* 和领导打电话的礼仪
* 撰写商务邮件的技巧
* 微信交流中的职场礼仪
* 当心你的职场口头禅

4.1 “礼”多人不怪

——和领导打电话的礼仪

有了手机之后，电话沟通变得更加方便了。想起什么事，随时随地一个电话打过去，既方便又快捷。

然而方便不代表随便。特别是与领导的电话沟通，更需要遵守职场上约定俗成的礼仪。

不要小看打电话这样的细节。你在领导心目中的职业形象，就是在打电话这样看似不起眼的小事中，一点一滴积累起来的。

4.1.1 该不该打电话

你需要了解，什么事情适合电话沟通，什么事情不适合电话沟通。

适合打电话的情形应该具有以下两个特点。

1. 事情紧急，且与领导见面很不方便

如果需要马上向领导请示汇报，但双方距离很远，或者短时间内无法见面，就可以选择打电话。否则，还是与领导当面沟通为好。

2. 信息交流比较简单，不需要视觉辅助

如果交流的内容比较复杂，需要 PPT 或其他文档辅助，比如关于市场活动计划的讨论或者技术方案的请示，电话沟通就远不如邮件效率高。

有一些情形则不适合电话沟通。如涉及商业机密的事项，以及关系到个人隐私的事情（因为工作失误道歉、申请升职加薪、告知领导辞职的决定等），还是当面沟通为好。

4.1.2　什么时间打电话

需要注意，在一天当中，有些时段是不适合给领导打电话的。

每天早 9 点之前、晚 9 点之后以及午休期间都是默认的休息时间。如果没有天塌下来的大事，这些时间段就不要打电话骚扰领导了。休息日也最好不要打电话。领导也想“偷得浮生半日闲”，好好享受和家人在一起的时光。

即便是工作时间，也不能拨通电话就直接开说——万一领导正在会议上，或者正在与人谈话，不方便和你通话呢？

为保险起见，拨通电话后最好先问一句：“请问您现在方便讲话吗？”在得到领导允许后，你再继续说话。

如果通话对象是高层领导，在礼仪上就更要注意了。

在拨打电话之前，你最好先发一条信息询问：“您好，我是某某部门的某某，有事想给您打电话汇报一下。请问您现在方便讲话吗？”

收到领导允许的信息之后，你再拨电话过去，这样才不会贸然打扰。

4.1.3　在电话中如何讲话

与领导打电话是特殊形式的一对一汇报，既要遵循一对一汇报的规则，也要顾及远程沟通的特殊性。你需要注意以下几点。

> 与领导打电话是特殊形式的一对一汇报，既要遵循一对一汇报的规则，也要顾及远程沟通的特殊性。

1. 准备提纲

如果挂了电话才想起来有事遗漏忘了说，再打过去就显得没礼貌了。如果要汇报的事情比较多，最好提前写个提纲，按顺序一件件汇报会比较稳妥。

2. 告知要点

你需要用简洁的语言告知领导，你准备汇报几个事项，大约多长时间。如果有多个事项需要汇报，就要遵循“避轻就重”原则，先说最重要的事。

3. 控制语速

打电话的时候，领导没有书面文件或者 PPT 演示作为参考，只能通过你的声音获取信息。因此，你讲话的语速不能过快，要让领导能够跟得上你的节奏。

4. 礼貌回应

在领导讲话时，你不能简单回应："嗯""好"——这是领导对下属的语气。你应该回答："是的""好的""我明白了"，这才能显示出对领导的尊敬。

5. 确认在线

打电话时，最怕的是你这边讲了一大段话，结果不知不觉掉线了，对方什么都没听到！你最好每隔一小段时间就不露痕迹地询问一下："您同意我的说法吗？""您对此有何看法？"以确认领导完整听到了你讲话的内容。

6. 复述指令

如果领导在电话中布置了任务，你需要在最后简要复述领导的指示："我马上去落实下面几项工作：第 1 项是……第 2 项是……第 3 项是……您看我的理解对吗？您还有需要补充的吗？"这样才能避免出现信息遗漏与理解偏差。

7. 随时记录

在打电话之前准备好纸笔，将领导的指示随时记录下来，以避免措手不及，耽误时间。

4.1.4 结束通话

和领导打电话，如何结束通话也是有讲究的。你要遵守"位尊者先挂电话"的原则，等领导先挂断电话。

> 结束通话时，你要遵守"位尊者先挂电话"的原则，等领导先挂断电话。

如果你发现领导既不说话也不挂断电话，八成是领导临时处理其他事情，忘记挂电话了。这时你可以主动提醒："请问领导您还有什么吩咐的？"领导可能会说："没有了，你挂了吧。"不要着急，你还是要等领导先挂断电话。

如果你提醒后领导仍然没挂断电话，甚至你在电话中听到了领导与别人谈话的声音，说明领导可能已经把你忘了。这时你要立即主动挂断电话，以免领导发现后有“泄露机密”之嫌。

职场无小事。即便在打电话这样司空见惯的行为中，同样能展示你的职业素养。在打电话的过程中展示出你的礼貌、严谨、周到，会给你在领导心目中的形象大大加分！

道生老师敲黑板

- 在与领导通电话之前，需要注意的事项：________________________。
- 与领导通话时需要注意的事项：____。
- 与领导通话结束后，该如何挂断电话？________________________。

道生老师留作业

- 与领导通话和朋友、同事间通话的区别在哪里？
- 利用一次给领导打电话汇报工作的机会，自己进行录音。事后回听录音，检视自己在通话礼仪上还有哪些可以提升的地方。
- 关于和领导打电话，你有哪些经验或故事可以分享？

4.2 字里行间的素养

——撰写商务邮件的技巧

职场人在日常工作中少不了收发电子邮件。

一封完整的电子邮件，通常包含地址栏、标题栏、正文、附件等几个部分。你知道在写邮件的时候，这几部分的先后顺序吗？

> 写邮件要按附件、正文、标题栏、地址栏的顺序来写。

写邮件要按附件—正文—标题栏—地址栏的顺序来写。

附件 ▶ 正文 ▶ 标题栏 ▶ 地址栏

为什么不是像写文章那样，按标题、正文的顺序写呢？看完接下来的内容你就明白了。

4.2.1 附件

你有过一时“手滑”，忘了添加附件就把邮件直接发出去的经历吗？

这就是写邮件为什么先从附件开始的原因——如果先将附件添加到邮件中，就可以避免这种尴尬情况发生。

1．附件命名要规范

如果只写“附件一”“附件二”，对方会不知所云。如果只是含糊地写《绩效考核表》，对方在存档时，就可能无法与其他名称相似的文档区分开来。因此，附件要有能够区分的完整命名，必要时还要加上版本号，例如，《品牌管理部 2019 年绩效考核表 V2.0》。

2．正文要提示附件

如果有附件，正文里要有相应的提示。提示不能只是简单的一句：“请看附件”。你最好在正文里写上附件全称，以便收件人对照查看。

3．超大附件存网盘

有些公司的邮件服务器会屏蔽超大邮件。如果必须传送超大附件，建议将文件存在网盘上，在邮件中附上网盘文件的链接和密码供收件人自行下载。

4.2.2 正文

在添加附件后，就可以开始写正文了。邮件正文包括抬头、主体以及最后的署名。

1．抬头

邮件抬头要有称呼。不打招呼上来就说事或者只说：“你好”，都是不合乎职场礼仪的做法。

在公司内部，对于熟悉的同事或者下属以名字相称会显得比较亲切。有些公司则提倡无论职位高低，全部以中英文名字称呼彼此，以彰显平等。但是给外部人员写邮件的时候，称呼还是正规一些为好。

通常的做法是：如果对方有职位要称呼“姓氏+职位”，如李局长、张总；如果不清楚对方的职位，可以称呼“姓氏+先生/女士”，如张先生、林女士；也可以根据行业称呼对方为某工，某老师等。

2. 正文

如果要说的内容比较多，正文一定要分段，每段只讲一个主题。文字要尽可能精练，长篇大论在工作邮件中是不受欢迎的。

> 正文一定要分段，每段只讲一个主题。文字要尽可能精练。

你需要遵循“结论为先”原则，在开篇第一段即陈述主要结论，例如：“在你提出的营销方案中，我认为关于形势的判断过于乐观。理由如下……”

同样的，在每段的开头应提出整段的要点，例如：“首先，当前目标客户群体的购买力下降。统计数据显示……现场问卷调研发现……”这样邮件就会逻辑条理清晰，方便对方理解。

在邮件的结尾，你需要强调要对方跟进的事情，例如：“请您批示，谢谢！”“请您提出修改意见，非常感谢！”然后加上祝福语，例如：“祝商祺”；如果关系比较熟，就可以写“祝一切顺利”“保重身体”。

在格式上，段落开始时不需要加空格，直接顶格写就好；使用自动换行而不要用回车键，否则在你这里看起来井井有条的断句，到别人的电脑上就可能变成“残垣断壁”。

写完正文之后一定要通读邮件内容，检查是否有错别字、措辞是否得当。在这些细节中，最能看出一个人的职业素养。

3. 署名

署名包括姓名、职务、部门、公司名称、手机、座机、微信、邮箱等必要信息。如果公司没有统一要求，就自己设计一个格式。署名长度一般不要超过 4 行。

4.2.3　标题栏

接下来，你要根据正文的内容，给邮件拟定一个恰当的标题。

在邮件标题中，你需要用尽量简短的文字概括邮件的核心内容，例如：《关于某某项目预算的请示》《请审阅 2019 年第二季度绩效奖励分配方案》。如果是对外的邮件，最好再加上“来自某某公司”的字样。这样做的好处是，将来对方在需要的时候，可以使用关键字很方便地搜索到这封邮件。

如果想让自己的邮件得到对方重视，可以在标题添加【重要】【紧急】字样。但注意不能随意使用强调字样，否则就成了“狼来了”。

有没有见过前面顶着一堆“re：re：re：……”的标题？有时你会发现里面的内容和标题早已不相关了，实在令人困惑。这种情况下，最好修改邮件主题，而不是继续“盖楼”——这才是“专业”的做法。

4.2.4 地址栏

邮件的正文和标题写完，就该填写地址栏了。这样的顺序有两个好处：一是可以避免在邮件还没写完时误发出去；二是在写正文的时候，可以顺便想好该发送给哪些人。

发送邮件时，不能把所有与邮件有关的人都列入“收件人”栏——“人人有责”的结果往往是人人都不负责。你要想清楚谁是收件人，谁是抄送人，谁是密送人。

- 收件人是直接负责对问题进行答复或处理的人。
- 抄送人是知情即可，不一定需要对邮件予以响应的人。
- 密送人指发件人发了邮件但不想让别人知道的人。

收件人或抄送人如果比较多，最好按职位高低从大到小排序，若职位相近则按姓氏字母排序。

给其他部门员工发工作邮件时，最好抄送双方的直属领导。这样做既可以令领导对你们之间的往来沟通知情，同时也起到督促对方反馈跟进的作用。

需要注意的是，如果收件人是领导，邮件单独发送给他本人即可，无须再抄送其他人。否则，有些领导会因为有被监督的感觉而很不愉快。

4.2.5 回复邮件的礼仪

1. 及时回复

> 收到邮件后尽快回复是基本的商务礼仪。

收到邮件后尽快回复是基本的商务礼仪。如果无法第一时间回复，也最好马上回应：“来信收到，我会尽快回复。”如果正在出差或休假，最好设定自动回复功能，以免影响他人工作。

2. 完整回复

你费力写了一大段邮件，结果对方只回复几个字：“是的”“好”“知道了”，你会有怎样的感受？

作为礼貌，回复邮件至少应该是一个完整的语句，例如：“来函收到，我基本赞同你的意见，容我再认真考虑一下。”

3. 定向回复

尽管对方给你的邮件可能抄送了很多人，你在回复时仍然需要选择回复对象。如果确定话题只与发件人本人相关，只回复发件人即可，以免打扰不相关的人。

尤其需要注意的是，如果是表扬、感谢别人的事，抄送的人越多越好；负面的事情则最好一对一沟通，知道的人越少越好。

尽管有电话、微信、钉钉、QQ 等多种信息交流工具可供选择，电子邮件依然是职场最重要的沟通方式之一。撰写合乎规范的邮件最能体现职场人的素养。是职场新人必须掌握的基础技能！

道生老师敲黑板

- 撰写工作邮件最妥善的顺序：________-________-________-________。
- 收件人、抄送人、密送人的区别在于：________________________。
- 回复邮件的礼仪包括哪三个方面？________、________、________。

道生老师留作业

- 请检视你工作邮箱中的往来邮件，针对地址栏、标题栏、正文、附件不符合规范的情形，各举出三个例子。

4.3 职场微信的“潜规则”

——微信交流中的职场礼仪

微信除了是日常交际工具，也是不可缺少的职场生产力工具。

使用微信的微妙之处在于，将交友和工作整合在一个平台上，而这两种使用场景中的礼仪和规则又大不相同。如果处理不当，就可能对个人工作效率和职业形象造成影响。

因此，职场人需要遵守微信交流中的职场礼仪。

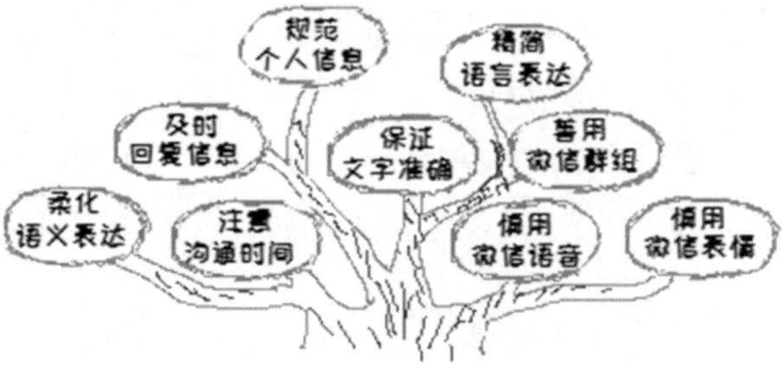

4.3.1 个人信息

不论你的微信昵称多有个性，在职场上还是建议你使用真实姓名。毕竟在众多的微信联系人当中，领导、同事、客户很难把“一头特立独行的猪”与那个勤勉严谨的你联系起来。

一个合乎规范的职场微信名应该由公司名称+部门名称+姓名构成，如果有英文名可以在后面再缀上英文名。例如，“某某公司市场部张三 Gary”。

朋友圈也是个人信息的组成部分。别人通过翻阅你的朋友圈，可以大致判断出你是怎样的一个人。想必你不会希望领导和客户看到你在夜店狂放疯癫的形象吧。

有心的职场人会将朋友圈权限进行分组，实行内容隔离，让不同的人看到特定的内容。

4.3.2　微信内容

微信的本质是即时通信，因此在格式上并不适合大段的论述。如果在手机屏幕上长篇大论，对方读起来会很累。

因此，微信表达要尽可能精练，最好能在一屏之内包含全部关键信息。如果想表达的意思比较复杂，还是发邮件为好。

微信表达要尽可能精练，最好能在一屏之内包含全部关键信息。

虽说避免长篇大论，一段完整的意思最好还是写在一个段落里。有人喜欢一句、一句地发送，就像说话大喘气一样。这会搞得对方看了上句不知下句，抓不到讲话的重点。

微信表达也代表你的职业素质。如果出现错别字，轻则影响你的职业形象，重则可能造成误会、降低沟通效率。因此，在发送信息前，应仔细审核文字。如果与领导沟通重要的消息，最好先在别的地方打好草稿，以确保内容完整、逻辑清晰、文字精练。

4.3.3　对话礼仪

每天早 8:30 之前、晚 10:00 之后以及午休期间都是默认的休息时间。除非有紧急、重要的事情，尽量不要发信息骚扰别人。

如果必须在休息时间沟通，你要先向对方表达歉意："非常抱歉，打扰你休息了。某事非常紧急，我想跟你说一下……"

开口不要问对方："在吗？""有时间吗？"——对方在与不在不影响你提出需求；对方有没有时间，取决于你的需求是什么和需求的复杂程度。因此，有什么需求直接说就好。

另外，在沟通时要注意"软化"语气，如将"嗯"改成"嗯嗯"，将"好"改成"好的"，就会显得语气柔和很多。

领导发送的工作微信，在任何情况下都要第一时间回复，以示尊敬。

及时回复信息是重要的职场礼仪。如果有事不能马上回复，应当直接告诉对方："抱歉我在忙，稍后联系你。"如果需要时间考虑，可以先回一句："我考虑一下，稍后再联系你。"

不过，领导发送的工作微信，在任何情况下都要第一时间回复，以示尊敬。

发布在群组里的通知，你收到后也要及时回复，表示信息已知晓。

4.3.4 微信群组

微信群组的好处在于可以保持相关人员信息同步。但群组的使用也要遵守规则，否则就成了“扰民”。

最适合发布在群组的信息是公开度高、需要全体知晓或充分讨论的信息。

如果借用微信发通知，就应该发信息量小、仅需简单知会的通知。如果是正规的通知，例如，发布规章制度、宣布人事任免、人员录用或离职等，最好还是用电子邮件发送，同时用微信提醒收件人查看。

一对一沟通或者只有少数人参与的互动，都不适合在群组里进行。更不要在工作群里聊八卦新闻、散布不实消息和宣泄负面情绪。

在开展工作时，可以把相关人员都拉到一起组建临时工作群。工作结束后，发起群组的人在征求大家意见后应解散临时工作群。

需要注意的是，如果邀请本团队之外的同事进群，事先要跟团队成员和被邀请方打好招呼，说明必要性。邀请公司以外人员入群，更要事先跟同事们说明，以免大家无意中泄露机密，或者因为看到不知底细的人而噤声。

4.3.5 微信表情

丰富的表情符号是微信的一大特色。在微信交流中，适当地使用微信表情，能够起到烘托气氛的作用。

不过需要留意的是，很多微信标配的表情符号，像“微笑”“挥手”等，已经被赋予了特殊含义，与原本定义的意思已经大不相同。因此，在职场上使用表情符号时需要特别小心，以免对方产生误解。

另外，除非彼此关系特别亲近，还是尽量少用过于夸张搞笑的表情。你所理解的轻松幽默，在别人看来就有可能是幼稚，甚至是低级庸俗，从而影响对方对你的感知和评价。像斗图这种游戏，最好还是留在私聊和朋友群里吧。

4.3.6　微信语音

有些人喜欢发语音。好友之间你一言、我一语如同聊天一样，显得很亲昵。

但是职场沟通就不一样了。发语音是在职场微信沟通中最不受欢迎的行为之一！

职场沟通信息量通常比较大。如果是文字，可能一眼扫过就知道什么意思。发语音的话就需要连发多条，加上受到讲话语速、停顿、口头禅的影响，听下来就需要花费很长时间。

另外，面对一满屏的小红点，你很难知道哪句话是闲聊，哪句话是重点，只得一句句从头到尾听；一旦什么地方没听清，还要从头再来。发语音的人很轻松，可是听语音的人就会很辛苦。

职场微信沟通不欢迎语音的另一个原因是：在工作中很多场合都不适合收听语音。比如正在会议中，或者与别人谈话的时候，收到语音会让人很为难：不听，不知道是否有急事；收听会显得不礼貌，当着别人面听还可能泄露隐私。

因此，除非非常紧急的事情，或者实在腾不出手来，原则上应使用文字交流。如果内容很多，文字描述不方便，还是直接打电话吧！

道生老师敲黑板

- 职场微信昵称的规范：________________________________。
- 哪些信息不适合在微信群组里发布？________________________________
  ________________________________。
- 职场上不欢迎发语音信息的原因：________________________________
  ________________________________。

道生老师留作业

- 检视自己的职场微信往来，记录下你所发现的有悖于职场微信礼仪的行为（包括自己的和别人的）。
- 除本文中提到的“职场不宜”的微信行为外，你还发现了哪些“职场不宜”的微信行为？

4.4 你的语言，你的人生

——当心你的职场口头禅

你留意过自己是怎样讲话的吗?

一个人平时怎样讲话，就代表他怎样思考；他怎样思考，就会把他塑造成怎样的人，也会在他身边营造怎样的关系。

所以有人说：“你所说的话，造就了你的人生。”

你对自己的职场关系满意吗？来检视一下你的语言吧!

> 你所说的话，造就了你的人生。

4.4.1 悲观的语言VS.乐观的语言

我不能、我办不到、没办法、肯定不行、没希望了……

悲观的语言体现了悲观的心态。一个悲观、消极的人遇到困难不会去想如何解决，而是退缩放弃。悲观的人的世界是灰暗的，给团队带来的也是消极的负面能量。

与悲观语言相对应的，是乐观的语言：“我能行!”“一定会有办法!”“没问题!”“方法总比问题多!”

一个整天这样讲话的人，会活得乐观、积极，每一天都会过得非常有意义。即使遇到了困难，他也能够想办法渡过难关。

4.4.2 批判的语言VS.认可的语言

你不对！你错了！你不懂！这个你竟然都不知道！不是，你听我说！……

有的人总是喜欢批判和贬低别人，他们永远认为自己是对的。如果团队里充斥着批判的语言，连空气里都会弥漫着愤怒和对抗的气息。

与批判的语言相对应的，是认可的语言：“你说的有道理，同时我认为……”“感谢你的坦诚，同时我的想法是……”“我们在某某方面是一致的，同时我建议……”

认可他人的人，会先找到对方值得肯定的地方，再提出自己的观点。认可代表了允许和尊重。认可的语言能够化冲突为合作，化对抗为接纳，能够在团队里打造和谐积极的能量场。

4.4.3　推诿的语言VS.担当的语言

我不会、我不知道、我没时间、这不该我负责、这跟我没关系……

如果一个人经常这样推脱责任，别人会觉得他缺少责任心和团队精神，没有人愿意将工作托付给他，他也将失去很多发展的机遇。

与推诿的语言相对应的，是担当的语言："这个工作我现在不是很熟悉，不过我会努力学习！""我现在确实有些忙，不过我会想尽一切办法把这项任务按时完成！""这件事的确超出了我的职责范围，不过我很愿意出一份力！"

当你这样表态的时候，你勇于担当的态度将得到领导和同事的嘉许。你会因此成为团队里备受欢迎的一员，也会得到更多学习和实践的机会。

4.4.4　抱怨的语言VS.觉察的语言

加班太多、食堂太不好吃、工作条件太艰苦、客户太刁钻、领导太偏心……

抱怨并不能解决问题，不要将注意力集中在发泄情绪上。抱怨非但于事无补，反而会让自己和身边的人意志消沉。抱怨是组织的"烈性传染病"，会涣散整个团队的战斗力。

与抱怨的语言相对应的，是觉察的语言。每次遇到不如意的事情就问问自己："面对这样的情况，我能做的是什么？"

即便不能改变现状，也可以借机反省一下："这件事的发生，对我好的一面在哪里？我能从这件事中学到什么？"

一个具有自我探索心态的人，会从人生遭遇的每一次不如意中找到积极正向的启示，从中获得学习和成长。

4.4.5　软弱的语言VS.有力的语言

可能、大概、好像、应该是、不好说、我不确定……

在日常生活中，用这些词语缓和一下语气无伤大雅。但是在工作中如果你的表达含糊不清，就会给领导和同事的判断、决策造成障碍。

假设领导问你：“客户对这次市场活动的反响如何？”你回答：“我不确定，好像还行吧……”你觉得领导以后还会征询你的反馈吗？

职场上需要有力的语言——精准的数据、清晰的信息、明确的态度。如果没有把握，你可以说：“我暂时不掌握最新情况。我现在去查一下，马上告诉您！”而不是用含混的语言应付。

还有一类软弱的语言：“我可能说得不好……”“我不是这方面的行家……”如果一个人说话很不自信，开口自贬三分，就很难赢得别人的尊重。

在发表观点、表明态度时需要堂堂正正、掷地有声：“关于这个问题，我的观点是……”“对于刚才的发言，我有不同看法……”且不论观点是否正确，你都必须展现自信的姿态。

爱因斯坦说过：“任何一个人能够问出的最重要的问题，就是：宇宙是不是一个友善的地方？因为对这个问题的回答决定了我们如何去生活。如果宇宙是个友善的地方，我们就会花时间去搭建桥梁。否则，人们会用尽一生筑造高墙。这，取决于我们。”

人际关系也是如此。你我都拥有同样的建筑材料——语言。是用语言搭建人与人顺畅沟通的桥梁，还是垒砌人与人隔阂的高墙，取决于我们自己。

是搭建人与人顺畅沟通的桥梁，还是垒砌人与人隔阂的高墙，取决于我们自己。

改变生命状态，改善职场关系，请从完善职场语言开始！

道生老师敲黑板

- 为什么说“你所说的话，造就了你的人生”？____
____。
- 请列出文中提到的职场消极语言和积极语言的典型语句。

职场消极语言	典型语句	职场积极语言	典型语句
悲观的语言		乐观的语言	
批判的语言		认可的语言	
推诿的语言		担当的语言	
抱怨的语言		觉察的语言	
软弱的语言		有力的语言	

道生老师留作业

- 留意身边同事的语言模式，观察不同的语言模式如何影响他们的职业发展和人际关系。
- 你了解自己的语言模式吗？如果你还不了解，请把这篇文章分享给身边的伙伴，让他们替你“照照镜子”，反馈一下你有哪些无意识的语言习惯。

第五章

接受任务尽职尽责

* 领导交代的工作怎么做
* 如何组织好内部会议
* 总结会议内容的技巧

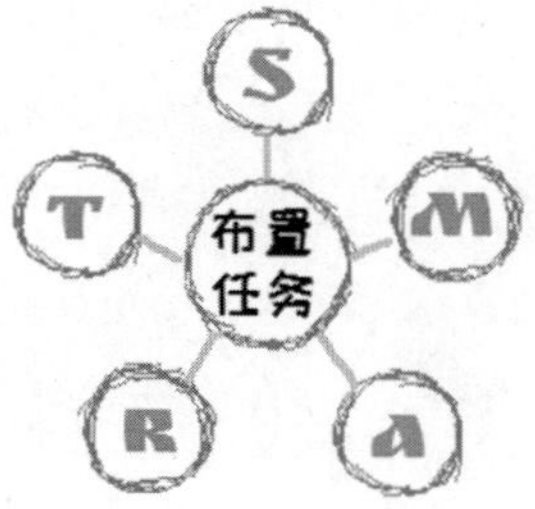

5.1 提 SMART 问题，做 SMART 下属

——领导交代的工作怎么做

在领导交办任务时，如果一开始就没有准确领会领导的意图，执行起来就可能南辕北辙。如果一开始的方向就错了，再怎么努力也注定是无用的。所以一定要确保自己对任务有正确的理解。

> 如果一开始的方向就错了，再怎么努力也注定是无用的。

领导布置任务时，下属需要问“**SMART 问题**”，执行任务才不会出现偏差。“SMART 问题”包含五个要素：

- 我的理解准确吗（Specifics）。
- 完成的标准是什么（Measurements）。
- 您看我的方案怎么样（Approval）。
- 我如何向您汇报（Reporting）。
- 我什么时候完成（Timeline）。

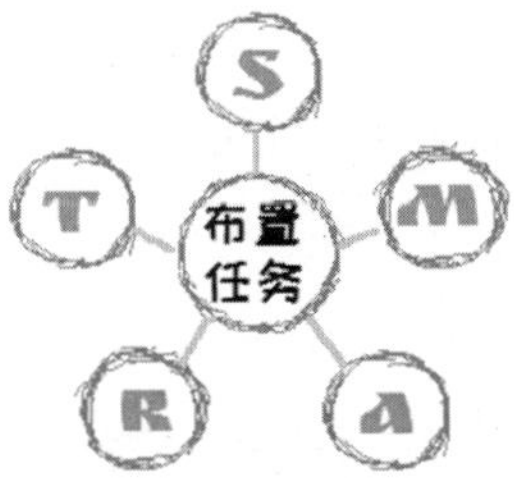

5.1.1 **我的理解准确吗**

布置工作的时候，领导往往对任务的表述语焉不详，有些时候甚至自己也没有完全考虑成熟。

为了避免理解上的偏差，你需要帮助领导梳理清楚需求：“我归纳一下您的要求。我需要做以下几项工作：1……2……3……其中要注意这几个要点：a……b……

c……您看我的理解对不对？”

这样做的好处在于：如果你的理解有偏差，可以及时得到领导的纠正，同时也表明你对待任务的态度是积极的和认真的。

5.1.2 完成的标准是什么

如果领导布置的工作是以前没做过的，也没有现成的经验可以借鉴，你需要提前与领导确认工作标准：“这个工作，您需要我做到什么程度？”或者“这件工作的完成标准是什么？”即便像提交数据这样简单的任务，也最好提前跟领导确认提交的格式。

这一点非常重要。否则妄自揣测领导的意图，或是将自己的理解视为默认的标准，就有可能辛辛苦苦忙半天，最后还落得领导不满意的下场。

5.1.3 您看我的方案怎么样

接到任务后，你需要迅速构思一个方案并征求领导意见，例如：

“关于这次产品发布会，我打算邀请三家网络媒体现场报道。在嘉宾中我打算邀请开发区杨主任讲话，不过邀请他需要您亲自出马。您看可以吗？”

这样做的好处是：如果领导认可了你的方案，你就放手去做；如果不认可，你可以把问题消灭在萌芽状态。如果预计会遇到什么困难、需要哪些资源支持，这时也要随着方案一并提出，以便领导提前安排。

5.1.4 我如何向您汇报

不论领导有多信任你，在布置任务后都会多少有些顾虑：工作进度如何？任务能不能按期完成？能不能达到期待的结果？按时汇报工作，是让领导放心的最好方法。

在开始工作之前，你需要与领导就汇报机制达成一致：多久汇报一次？口头汇报还是书面汇报？遇到什么情况必须请示？

> 你提前给领导吃下“定心丸”，就不会让领导因为担心焦虑而吃“救心丸”。

你提前给领导吃下“定心丸”，就不会让领导因为担心焦虑而吃“救心丸”。

5.1.5　我什么时候完成

如果领导在布置任务时没有明确规定完成时间，你应该当场确认："您要我什么时候完成？"知道了任务的时间底线，你才能根据其紧迫性来安排工作。

如果领导说："你看呢？"你就需要认真估算一下工作量。如果当时不能确定，你可以说："我回去仔细算一下，一小时后给您准确答复好吗？"领导要你表态时不要说："不知道"，也不要信口说一个时间，这样才能显示你严谨的工作态度。

如果发现领导指定的时间和你现有日程有冲突，不要硬撑着把任务接下来。你可以说："我现在手上还有一个工作，也需要在这个时间段内完成。您看我要不要把那个工作先放一放？"这样领导就会权衡一下轻重缓急，给你一个合理的时间安排。

有人说：没有什么事情是领导没说的，只有下属没问的；没有什么事情是下属可以自以为是的，只有下属没有确认的。

在接受任务的时候，学会与领导"校准"非常重要。只有善于提"SMART 问题"的人，才是 SMART 员工！

道生老师敲黑板

- 在接受任务的时候，与领导"校准"的意义在于：______________________。
- 领导布置任务时，下属要问的"SMART 问题"包括____________、____________、____________、____________、____________。

道生老师留作业

- 假设你在一家外企工作。一天，领导对你说："下个月 20 日，总部那边的一位副总裁会带两个人到公司来检查工艺质量。你来负责组织接待、参观和旅游。"你将如何应用"SMART 问题"与领导确认任务要求？

5.2 你会写会议通知吗

——如何组织好内部会议

如果有一天领导对你说："这次会议你来组织一下！"恭喜你，这说明领导可能已经把你当作培养对象啦！

组织会议看似简单，其实是对一个人系统思考能力和资源协调能力的综合考验。领导将组织会议的任务交给你，说明你细致、周到的工作作风已经得到了领导的认可，你已经赢得了领导的信任！

组织会议自然少不了会议通知。

会议通知是会议组织工作的核心。一份完整的会议通知通常包括会议主题、会议目标、参加人员、会议时间、会议地点、会议议程及其他事项等要素。

其中，像会议主题、参加人员和会议时间，通常在领导布置任务时就已经确定了。

作为会议组织者，你需要落实其他几项要素，并在会议通知中将各个要素完整、清晰地呈现。

5.2.1 会议主题和目标

会议主题是"要做什么事"，即会议要讨论或决策的内容。

会议主题需要在会议通知的标题中体现，例如："某某部门月度经营分析会会议通知"。这样大家一看便知道要参加的是什么会议。

会议目标是“要达成什么结果”，即在会议结束时要达成什么决议或者采取什么行动。会议目标相当于为需要达成的成果做出了约定，也明确了与会者通力合作的方向。

会议目标通常要在会议通知的开头提出，例如：

“为贯彻公司精细化管理要求，及时发现经营管理工作存在的问题，制定下阶段优化改进方案，兹定于某月某日召开部门月度经营分析会……”

5.2.2 会议时间

在会议通知中，除了会议开始时间，还有两个重要的时间点：会议结束时间和签到时间。

如果没规定会议结束时间，会议就可能开得拖拖拉拉。有了时间限制，会议才可能开得有效率。明确了结束时间，也方便与会者对会后的工作预先做好安排。

有经验的组织者会在会议开始时间前，另外规定一个签到时间。人们通常习惯于关注通知上的第一个时间点，这样就会促使大家提前到会。如果人少，签到时间通常比会议开始时间提前 10-15 分钟。如果与会者较多，可以提前 30 分钟。

5.2.3 会议地点

在会议通知中必须告知会议地点。如果与会者不熟悉会议地点，在会议通知中就需要告知详细位置和交通路线。

在确定会议地点时，组织者需要事先确认会议室的空间和布局是否适合，照明和通风设施是否正常工作，桌椅数量是否足够，会议所需各种电子设备是否齐备并可正常使用。

在召开会议的当天，会议组织者还要提前到场，检查场地是否已经布置妥当，确保所需设备能够正常工作。

5.2.4 会议议程

所谓会议议程，就是会议各项内容进行的先后顺序。会议议程需要体现三方面的内容：

- 会议议题有哪些。
- 主讲人分别是谁。
- 每个议题的时长。

会议如有多个议题，应遵循“避轻就重”原则，按照议题的轻重缓急进行排序：重要、紧迫的议题，以及需要与会者集中讨论的议题尽量往前排。这样做的好处是：即便来不及讨论全部议题，至少保证最重要、最紧急的议题能够得到优先处理。

会议议题应按照轻重缓急排序，以保证最重要、最紧急的议题得到优先处理。

在议程中，还需要规定每个议题的主讲人和所需时间。会议组织者需要和每位主讲人沟通，确定他们的发言时长，并与会议总时长相匹配。

考虑到过程中很可能发生提问、讨论，以及出现各种意外的延伸话题，在规划每个环节的时长时，一定要预留出足够的时间。

每隔一小时至一个半小时，应安排休息时间，以便与会者处理个人事务。

5.2.5 其他事项

在会议通知中应提示会议纪律，例如有事提前请假、不能无故迟到、在会议进行时将手机静音、不要随意出入等。

如果有需要与会者提前了解的会议资料，如分析报告、参考文件等，应随会议通知一同发送，以便与会者提前阅读了解。

现在，你已经了解了组织内部会议、撰写会议通知的要领。如果有一天领导让你组织一次会议，你就可以自信地回答“没问题”啦！

道生老师敲黑板

- 一份完整的会议通知通常包括__________、__________、__________、__________、__________、__________等要素。
- 会议主题和会议目标的区别：______________________________。
- 在会议通知中需要包含哪几个时间点？____________________。
- 会议议程的要素包括__________、__________、__________。

道生老师留作业

- 在组织会议的时候，你可以使用下表辅助自己完成会前各项组织工作，并生成会议通知。

会议组织检查表						
会议主题						
会议目标						
会议时间	签到时间		开始时间		结束时间	
会议地点	会场地址					
	会场环境	场地面积		通风状况		
		桌椅布局		桌椅数量		
	会场设施	照明 □	空调 □	投影仪 □	麦克风 □	
		音响 □	摄像机 □	照相机 □	录音笔 □	
		白板 □	白纸 □	饮水机 □	水杯 □	
		彩笔 □	名牌 □	签到本 □		
与会人员	主持人		会议记录人			
	参加人					
会议议程	会议议题		主讲人		议题时间	
	1.					
	2.					
	3.					
	4.					
	休息时间					
需提前下发的资料						
会议现场发放材料	材料名称		数量		提供方	
会议纪律						
其他事项						

注：本表仅供参考，可根据实际需要修改表中的项目。

- 一天，领导对你说：“明天下午三点，部门全体人员开会评选年度优秀员工，你来组织一下会议。”请你根据领导要求起草一份会议通知（具体细节请自行补充）。

- 请你找出最近收到的一份会议通知，结合所学对其进行检视，看哪里符合要求，哪里可以做得更好。

5.3　给我讲一下会议内容

——总结会议内容的技巧

领导把小黄和小赵叫到办公室布置工作："三点钟我有两个会，时间冲突了，你们替我参加市场部的那个会。"

下班的时候，领导又把二人叫去："你们给我讲讲，今天市场部的会议都说什么了。"

小黄："没什么，就是下个月他们要搞一个线上活动，要我们在技术上做好保障。"

小赵："市场部陈经理首先发言，他说上个季度的市场活动，得到了兄弟部门的大力支持，他深表感谢。不过我们部门在技术支持上出了问题，在关键时刻服务器崩溃了。我指出，那是因为他们对用户需求量预估不足。陈经理又说下个月市场部要搞一个新的活动，要我们做好配合。他们这个活动的内容是这样的……"

如果你是领导，你满意二人的回答吗？

当领导精力有限、无法分身的时候，就可能让下属代他参加一些级别较低的会议。下属的任务，就是把会上讨论、决定的核心内容传达回来。如果传达的信息过于含混或者过于琐碎，就会给领导的理解带来障碍。

向领导传达会议内容时，建议使用**"主题—人员—观点—结论"**架构。

- 主题：会议讨论了什么。
- 人员：都有哪些人参加。
- 观点：发言的核心观点是什么。
- 结论：会议达成了哪些结论，后续需要跟进哪些工作。

向领导传达会议内容时，建议使用"主题—人员—观点—结论"架构。

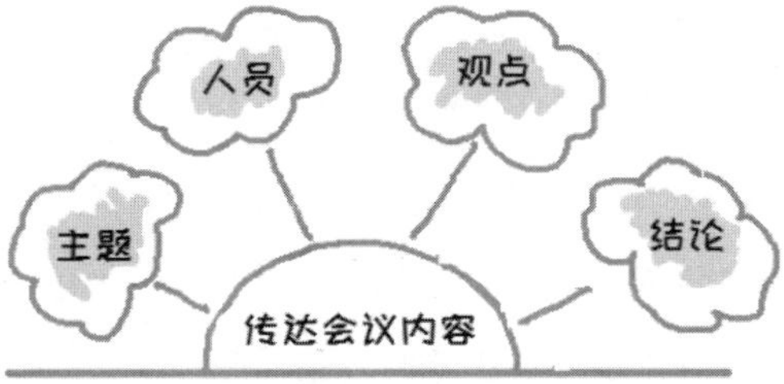

结合前面的事例，假如下属这样回答，再感受一下有什么不同。

- 会议是关于下个月营销活动的支持配合（主题）。
- 参加的人除了我们两人外，还有市场部陈经理，公司企划部张经理，以及他们部门的几个骨干人员（人员）。
- 陈经理介绍了活动内容……他对我们部门的支持提出了三点要求：一是……二是……三是……我们两人认为前两点要求都可以满足，但是第三点要求需要企划部提供支持。张经理说他回去协调，估计问题不大（观点）。
- 最后，大家一致表态全力支持市场部活动，并布置了具体措施和责任分工（结论）。
- 我在会上做了笔记。今晚我整理一下，明天早上把会议纪要发给您审阅。

这样传达会议内容是不是更清晰、更有条理呢？

如果领导让你参加会议后写一篇会议纪要，你同样可以使用“主题—人员—观点—结论”架构。

会议纪要与会议记录虽然只有一字之差，但目的和形式完全不同。

会议记录是对会议内容的完整记录，用于事后的存档和查阅，具有文档性质。会议记录的格式类似于速记员的笔录，例如：

甲：我们认为，出现这种情况的原因在于……

乙：我不同意甲的说法。我认为……

> 会议记录是“以人为纲”，会议纪要是“以事为纲”。

会议纪要是对会议内容的提炼和总结，是以书面形式将会议成果明确下来，具有行动纲领性质。

会议记录是“以人为纲”，严格按照每个人发言的先后顺序记录；会议纪要则是“以事为纲”——不同人、不同时间的发言，如果属于同一主题就可以整合在一起。

例如，某人在发言中提到了营销活动的具体措施。如果后面还有人就这个话题做了补充或提出异议，在会议纪要中就可以把几个人的表态罗列在一起，例如：“关于营销活动的具体措施，甲认为……乙认为……丙认为……”

做好会议记录比较简单，只要认真专注、心细手快，谁都可以记得八九不离十。

撰写会议纪要则相对复杂。记录者必须深入理解会议进程，善于捕捉核心要点。这就要求记录者不仅熟悉业务，也要具有较强的整合提炼能力。

不论传达会议内容，还是整理会议纪要，领导就是在看似不经意的小事中考察下属的能力和素质。不要小看这些琐事——一篇完整、精练、准确的会议纪要，会令你的职业素质在众人中脱颖而出！

道生老师敲黑板

- 传达会议内容和撰写会议纪要应该包含的要点：__________、__________、__________、__________。
- 会议记录与会议纪要的区别：____。

道生老师留作业

- 还记得最近参加的一次会议的主要内容吗？请在隐去涉密信息的前提下，使用“主题—人员—观点—结论”架构，登录“表达致胜”微信公众号传达给道生老师。你将有机会获得道生老师的点评和指导！
- 在参加一次会议后，先写一份会议记录，再写一份会议纪要，比较一下两者有哪些差别。

第六章

关键时刻闪亮发挥

* 例会如何发言有亮点
* 会议即席发言的模式
* 即席讲话如何才从容
* 怎样自我介绍才出彩
* 见了领导如何不尬聊

6.1 让真金在沙子中闪光

——例会如何发言有亮点

你所在的部门定期召开例会吗？

你觉得每周或每月花上半天时间开例会太浪费时间，于是简单应付一下了事吗？

如果你是这么做的，那就太吃亏了。

例会一方面可以让领导及时获悉每个下属的工作情况，另一方面也让同事们了解你在工作中遇到了哪些阻碍——或许一直困扰你的某个点，在他们那里根本不是问题。

更重要的是，例会是你展示才干的绝佳机会。同样都是汇报，你的发言总是有内容、有条理、有重点、有新意，自然会赢得领导青睐，也就更有机会在职场竞争中脱颖而出！

要想让你的例会汇报与众不同，你需要学会使用“**PDCA 模型**”。

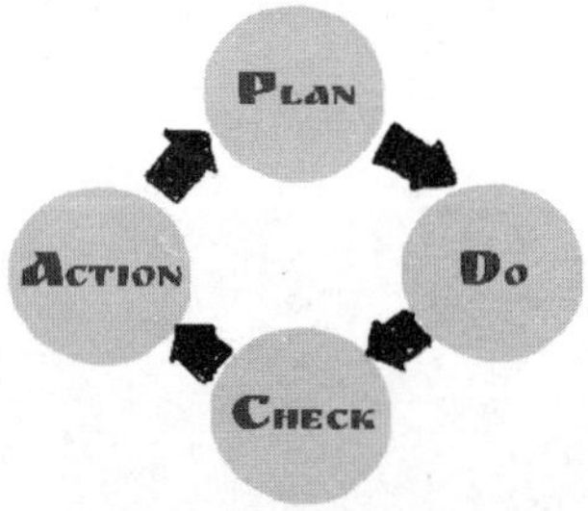

6.1.1 上期工作计划

工作是一个连续滚动的闭环过程。

上期汇报时承诺的事项，构成了本期需要完成的工作内容。因此，在汇报本期工作进展前，需要先回顾上期承诺事项的完成情况。

这一部分的重点在于比照计划，呈现工作进度和完成数量。你以清单形式简明扼要地列明即可，不需要详细展开具体细节，例如：

- 计划在公司公众号发表 30 篇文章，实际完成 40 篇，完成工作任务 130%。
- 计划完成外呼销售电话 200 个，实际完成 180 个，完成工作任务 90%。

需要特别注意的是，对于上期汇报工作时领导提出的要求或做出的部署，在本期汇报中一定要有所交代。

6.1.2　本期完成的工作

这是汇报的核心部分。你需要具体描述本期完成的各项工作。考虑到发言时间的限制，你不能面面俱到、一一罗列，而要做到有分类、有重点地进行汇报。

> 汇报本期完成的工作时，你要遵循“避轻就重”原则，挑出最重要的三件事做详细汇报。

你要遵循“避轻就重”原则，挑出最重要的三件事做详细汇报。至于其他不那么重要的工作，如果领导感兴趣再详细汇报。

对于重点汇报的工作，你需要对工作内容、工作成果进行具体陈述，例如：“上周在公司公众号发表 40 篇文章，完成工作任务 130%。其中，阅读量超过 10000 的有 25 篇，转发量超过 1000 的有 37 篇，点赞量超过 500 的有 10 篇，超过 100 的有 35 篇……”

如果在完成工作的过程中得到了领导的支持和同事的帮助，你要在这部分向相关人员表达真诚的感谢，以体现你的团队精神。

6.1.3　对工作的反思

在汇报工作业绩上大家水平都差不多，但是在反思环节中大家的能力和素质就拉开了差距。在这个环节中，你需要对本期达成工作成果的原因进行分析。

1. 工作达成目标的部分

总结自己哪里做得好，做得好的原因是什么；遇到障碍时自己做了哪些调整和改变。

2. 工作没有达成目标的部分

总结自己哪里做得不好，没有做好的原因是什么，发现了自身的哪些问题。需要注意的是，在例会上对于工作不足的反思应点到为止，不需要做深刻检讨。

除例行总结外，职场表达高手还会借机反映工作中出现的典型问题，例如，工作流程、部门协作、指标表现等。你需要描述问题，简要分析可能的原因，并提出改善建议。在例会上提出这些问题的目的，是引起领导和同事们的关注和思考，呼吁采取必要的改善措施。

这些问题如果能够经常在你的汇报中体现，就证明你是一个善于发现问题、喜欢动脑思考的人，会使得你出众的能力和素质如同金子般在沙砾中闪闪发光。

6.1.4 下个周期的计划

在这一部分你需要谈三点。

1. 下个周期的工作计划

简要罗列下个周期要完成的工作清单，仍然要突出三项重点工作。如果在前面的环节中领导提出了要求或期待，则要把领导新的部署列为重点。

2. 下个周期的改善要点

在反思环节中发现的问题不能只是说说而已，你需要制订一个改善计划。虽然有些改善可能无法一步到位，你仍然需要展示改善的思路和步骤，以呈现你的决心和执行力。

3. 需要提供协助的事项

如果有需要领导或同事提供协助的事项，你需要明确指出有哪些资源需求，需要哪些人员提供配合。

在这个环节中呈现的内容，又将成为下次例会上汇报的起点，开启新一轮的闭环。

要想在职场中尽快出人头地，你需要处处有心——别人忽略的地方，你做到了；别人做到的地方，你做得更优秀。唯有如此，方能如同宝贵的真金，在平凡的沙砾中闪耀光芒！

道生老师敲黑板

- “PDCA 模型”的四个组成部分：__________、__________、__________、__________。
- 在 Plan 的环节中需要注意的要点：____________________。

- 在 Do 的环节中需要遵循的原则：______________________________。
- 在 Check 的环节中需要如何反思？______________________________。
- 在 Action 的环节中需要谈哪三点？______________________________。

道生老师留作业

- 你所在的部门定期召开例会吗？在会上你都观察到了哪些情况？你觉得这样的例会效果好/不好的原因是什么？
- 你认为例会要想开得成功，关键因素是什么？
- 文中提到的“PDCA 模型”，除例会工作总结外，还可以应用于哪些场合？
- 请按照“PDCA 模型”的要求，以例会发言的形式将上周工作做一份书面总结。

6.2　跟“即席发言综合征”说再见

——会议即席发言的模式

会议正在进行中，领导突然看向躲在角落里的你：“你也说两句吧！”

你那边正在“岁月静好”，突然被领导点将，意不意外？紧不紧张？尴不尴尬？

很多人平时说话思维敏捷、表达流畅，可是当遇到需要在会议上即席发言的时候，就会瞬间大脑短路、语无伦次。

你是否也被“即席发言综合征”困扰？

只要按照下面这个“**三有模型**”进行操作，开会即席发言你也能张口就来！

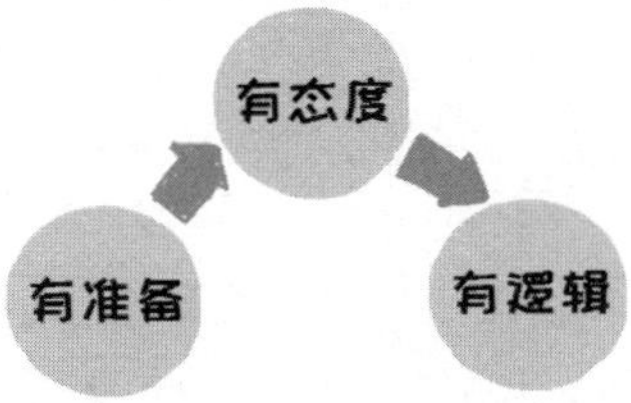

6.2.1 有准备

如果你是突然被叫进会议室发言，要说“毫无准备”还情有可原。

你既然全程参加了会议，还说自己没有准备就说不过去了。职场表达高手在别人讲话时就开始收集信息、做准备工作。

> 职场表达高手在别人讲话时就开始收集信息、做准备工作。

概括地讲，你需要留意三方面的信息：

- 事实。发言者提到哪些重要的事实或数据？哪些是你可以强调或补充的？
- 观点。发言者表达了怎样的观点？哪些是你赞同的或反对的？
- 展望。发言者对未来做了怎样的展望？你可以落实哪些具体行动？

这些都是你在发言时可以使用的素材。你一边听，一边随手把别人讲话的要点记下来，整理出一个简单的发言提纲。即便没有发言的机会，这也可以作为日后重要的参考资料。

6.2.2 有态度

发言的态度很重要。有的人一开口就是“我认为”“我觉得”，多少会让人觉得有些唐突。不论你对自己的观点有多笃定，开口还是要表现得谦逊一些。你可以使用“感谢—认同—自谦”的模式。

1．感谢

你最好先向在场的领导和同事表达谢意：“感谢领导给我发言的机会！”“感谢伙伴们的群策群力！”虽然旁人一听就知道是客套话，但也体现了你对他人的尊重。

2．认同

接下来，你可以简要重复一下别人的发言要点：“刚才大家谈到了……给我带来很多启发！”或者“我概括一下刚才大家发表的意见……对此我非常认同！”对之前的发言表示肯定，既表明你认真聆听了别人的发言，也说明你与大家同心同德。

3．自谦

如果是第一个发言，你可以说：“下面我抛砖引玉，请大家多批评指正！”如果在别人后面发言，你可以说：“我简单谈一下自己的看法，不对的地方还请领导和同事们指正！”

在领导、同事面前姿态放低一些，有助于塑造你谦虚好学的职业形象。

> 在领导、同事面前姿态放低一些，有助于塑造你谦虚好学的职业形象。

6.2.3　有逻辑

如果发言内容比较多，就要注意讲话的逻辑了。在会议的不同阶段，即席发言使用的逻辑结构是有区别的。

1. 会议中途

在会议中途，领导要你发言，多半出于三种目的：提供信息、解释问题、贡献思路。

如果需要就某些事情提供补充信息，你可以参考本书 1.3 节中的“**组块化**”，从不同维度进行阐述。

- 时间维度——按事件发生的前后顺序。
- 空间维度——按实际物理空间划分，或者是逻辑上的空间分割。
- 元素维度——将事物拆解为完整而独立的基本要素。

如果需要就发生的某些问题进行解释，你可以使用“**PRC 模型**”。

- 问题（Problem）：情况是这样的……
- 原因（Reason）：主要原因是……
- 行动（Conduct）：针对这个问题，建议采取以下措施……

如果需要你贡献解决思路，你可以使用“**奥利奥（OREO）模型**”。

- 观点/需求：我认为需要……
- 原因/理由：之所以这样认为，原因在于……
- 预期/后果：如果这样/不这样做，结果会是……
- 观点/需求：所以我认为需要……

2. 会议尾声

如果在会议尾声要你发言，领导期待的是你的表态。你可以使用“**ICAN 模型**”表明态度、承诺行动。

- 表达感受（Inspiration）：此时此刻，我感到充满信心……
- 概括共识（Conclusion）：刚才大家决定……
- 表明态度（Attitude）：我非常赞同大家的观点，同时我想再补充几点……
- 承诺行动（Next step）：我将坚决落实在会议中形成的决议，从以下几个方面开展工作……

职场上的机会总是留给有准备之人的。与其羡慕别人口吐莲花，不如自己通过日常练习，熟练掌握几个“套路”。这样在会议上做即席发言的时候，自然就能张口就来！

道生老师敲黑板

- 会议上即席发言的“三有模型”：____________、____________、____________。
- 在听别人讲话的时候，需要留意哪三方面的信息？______、_______、_______。
- 在发言时应如何体现谦逊的态度？___________、___________、___________。
- 会议中途提供信息的方式：_________、__________、__________、_________。
- 解释问题的“PRC 模型”的三个步骤：__________、__________、__________。
- 贡献思路的“奥利奥模型”的四个步骤：_______________、_______________、_______________、_______________。
- 表达态度的“ICAN 模型”的四个步骤：_______、_______、________、________。

道生老师留作业

- 参加会议时，请在别人讲话时使用下表记录要点，重点关注事实、观点和展望。

发言人	事　实	观　点	展　望
1.			
2.			
3.			
4.			
……			

- 回想最近一次你旁听的会议（如果没有就想象一个），想象自己突然被领导点名发言。请分别针对会议中途和会议尾声阶段，组织自己的即席发言。

6.3 张口就来？你也行

——即席讲话如何才从容

你正在埋头工作，忽然一位同事走到你身边说道：“经理叫你去会议室开会!”

“开会？没听说有这个安排呀？”你有些摸不着头脑。

一打开会议室的门，房间里顿时响起热烈的欢呼声和掌声。你定睛一看，全部门的同事都喜气洋洋地看着你，在你面前出现了一个生日蛋糕!

原来，部门同事悄悄为你策划了一次生日 Party!

这时候经理说道：“我们请寿星老儿讲两句吧!”于是大家再次献上热烈的掌声!

“谢谢大家，谢谢大家……”你刚说完两句话就一下子卡住了。你还想再说点什么，可是越着急越想不出来，头脑一片空白。你僵立在那里，目光慌乱，汗如雨下……

最后，还是经理出面为你解了围：“看来咱们的寿星老儿第一次这么隆重地过生日，实在太激动啦！快来切蛋糕吧，大家都等不及啦!”

一次美好的经历，因为这么一个小小的“插曲”，留下了一段有些尴尬的回忆。

你在生日会上刚刚经历了一场即席讲话的挑战。

我们在本书 6.2 节中分享了会议即席发言的技巧。会议即席发言要求讲话内容贴合会议进程，同时讲话要逻辑清晰、表达严谨；即席讲话则应用于各种典礼仪式等非正式场合，重在表达情感，形式更加自由，讲话者可以随意发挥。

即席讲话要求一个人思维敏捷、语言流畅、情感充沛。人们通常把这种能力称为“口才”。我们都崇拜那些口才好的人——他们在任何场合中都能谈吐自如、左右逢源，在任何时候都能成为聚光灯下的焦点。

可是，对于那些对自己的口才不自信的人来说，该如何应对即席讲话的挑战呢？

应对“遭遇战”的最好方法就是反复演练，让一切成为本能反应。

正如本书 2.5 节中所说，应对“遭遇战”的最好方法就是反复演练，让一切成为本能反应。只要掌握即席讲话的模式，你也可以应付自如！

在这里介绍一个适用于很多场合的即席讲话的模型，简称**“内外前后模型”**。

- 内在感受（内）：表达当下的心情。
- 表达致意（外）：向相关人员表达感谢/祝贺/祝福。
- 回顾过去（前）：回顾过去发生的事情。
- 展望未来（后）：展望未来，表达心愿。

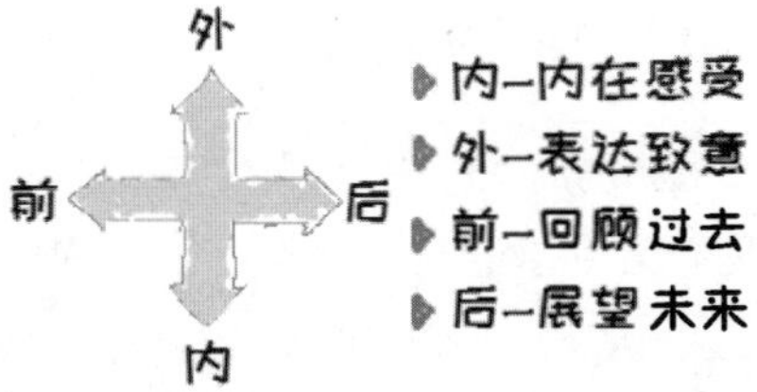

再遇到发表生日感言的场合，你就可以运用“内外前后模型”。

内在感受：今天真是太开心、太激动啦！没想到大家给我准备了这么大的惊喜！我真是太感动了！

表达致意：感谢经理，感谢同事们记得我的生日。一个人在外地打拼，感谢你们给我带来家人般的温暖！

回顾过去：在我加入团队之后的每一天里，我都能感受到这个集体里无处不在的信任和关怀、支持。对我而言，这是一个像家一样温馨的地方。我很庆幸加入了这个团队！

展望未来：今后，我将带着大家对我的关怀和祝愿，带着我对大家的热爱和感恩，更加勤奋地工作，为公司做出更大贡献，为我们的团队增添新的荣耀！

这样的讲话方式简洁、有力，而且照顾到方方面面，是不是很好用呢？

我们再来看一个例子。

假设你被公司评选为优秀员工。在年会颁奖典礼结束的时候，你正要走下台，总经理突然叫住了你，让你说几句获奖感言。这时，你就可以使用“内外前后模型”快速组织语言。

内在感受：非常开心能够得到这个梦寐以求的奖项！此时此刻，我的心情是非常激动的。这个奖项对我有很重要的意义！

表达致意：在这里，我要向公司领导，特别是我的部门经理，还有与我并肩作战的同事们表达衷心的感谢！没有你们，就没有我今天的荣誉！这份荣誉也属于你们！

回顾过去：我永远记得在我刚入职的时候，领导和同事们对我的包容和支持！我也永远记得在项目中伙伴们并肩战斗，克服了很多困难，并最终取得了成功。我为我们的团队感到骄傲！

展望未来：我将以今天为起点，继续勤奋工作，争取达成优异的业绩！我期待明年，我和我的同事们能够再次站上这个领奖台！

像这样在毫无准备的情况下的发言，最能体现一个人的情商和修养。

一次出彩的即席讲话，一定会让领导对你的功能和才干倍加赏识。它也必定成为你展示个人魅力的大好契机，成为你生命中的闪光时刻！

道生老师敲黑板

- “内外前后模型”包括哪四个要素：____________、____________、____________、____________。

道生老师留作业

- 除文中列举的场景外，还有哪些地方可以应用“内外前后模型”？请你针对每个场景组织一段即席讲话。

应用场景	内	外	前	后
1.				
2.				
3.				
4.				
……				

6.4 你会“销售”自己吗

——怎样自我介绍才出彩

作为职场人，在工作和交际中少不了要做自我介绍。

“大家好，我叫某某，我是一名猎头顾问，很高兴认识大家!”听了这样的自我介绍，你会有怎样的感受呢?

这样的自我介绍不能说好也不能说不好，好像只是走了一个流程——我说完了，你们听没听见、感不感兴趣与我无关。我把它称为“佛系自我介绍”。

如果你平时也是这样做自我介绍的，那就要关注本节的内容了。

6.4.1 交际版自我介绍

在职场中，自我介绍具有重要意义。一次出彩的自我介绍，就可能给你带来新的人脉关系、新的合作机会。因此，每个职场人都要重视自我介绍，精心设计自我介绍的内容。

怎样才算是好的自我介绍呢？我们需要回到问题的本质——自我介绍的目的是什么。

自我介绍的目的在于让别人对自己产生兴趣，创造继续深入交往的机会。从某种意义上讲，自我介绍是一种“自我推销”的行为。

自我介绍是“自我推销”的行为，是为了让别人对自己产生兴趣，创造继续深入交往的机会。

既然是推销，就要找到“卖点”。自我介绍的“卖点”在哪里呢？

当认识一个人的时候，我们通常最关注以下三点：

- 姓名。我们需要记住对方的姓名，否则下次见面时叫不上对方名字会很尴尬。
- 职业。借由职业，我们能够判断对方的社会地位，推测将来能否发生关系往来。
- 爱好。了解了兴趣爱好，我们就知道双方是否有共同语言，是否能深入交往。

同理，别人在认识我们的时候关注的也是这三点。所以**姓名、职业、爱好**，就是我们做自我介绍时的“卖点”。

1．姓名

姓名是对方关注的第一个“卖点”，你需要让对方记得容易、记得深刻。

因此，在介绍自己姓名的时候，最好能对名字的含义进行解读。解读名字的方法有很多，其中最常见的是“意义法”“故事法”和“名人法”。

“意义法”就是父母在起名时赋予的美好祝愿，或者是字面上的引申或联想，例如：“我叫赵冠杰，父母给我起这个名字，是期待我能够像赵子龙一样勇冠豪杰！”

“故事法”就是讲一个关于名字来源的故事，例如：“我叫郭禧春。父母之为我所以为我起这样的名字，是因为我是千禧年春节那天出生的！”

“名人法”，就是与名人挂钩，利用名人效应让别人容易记住自己，例如：“大家都认识周华健吧？我是他异父异母的弟弟，我叫周华军！”

总之，你解释得越巧妙，留给对方的印象就会越深刻。这里最能体现你的创意，所以值得精心设计。

2．职业

每个人都关心对方的职业，以此判断将来能否发生关系往来。关于职业的介绍，能够给你带来潜在的人脉关系和合作机会，因此是最重要的一个“卖点”。

你在介绍职业时，最好从对方的视角介绍自己。在这里，向大家推荐一个黄金句式：“**如果你**……”

当你说“如果你……”的时候，你在无形中创造出了一个对方需要你协助的情境，而你能够利用自己的能力替对方解决问题。

> 通过说“如果你……”，你创造了一个需求情境，给对方带来了关联想象的画面。

例如：“我是一名猎头顾问，**如果你**和身边的朋友有一天对现状产生了厌倦，想了解有没有更好的职业发展机会，欢迎联系我！我会给你们推荐很多优质的岗位！”

或者“我是一名职业化妆品买手。**如果你**面对浩如烟海的化妆品品牌无所适从，**如果你**有任何关于品牌评价和使用效果的疑问，我一定可以帮你！”

通过说“如果你……”，你让别人设想与你发生关系往来的情境，给对方带来了关联想象的画面，使得你想传递的信息进入了对方的潜意识。不论现在还是将来，只要对方出现类似的需求，就会第一时间想到你。

有人可能会说：像总监、经理之类的头衔说出来会很有面子，刚入行的新人该怎么介绍自己呢？

这里有一个小窍门。你可以这样介绍自己：“我在某某公司负责人员招聘工作，如果你……”或者“我擅长社群运营，如果你……”。这样讲的时候你没有夸大事实，同时说出来也很体面。

3．爱好

第三个“卖点”是爱好。

除建立业务关系这样比较“功利”的需求外，对方也对你的爱好感兴趣——这样就能够找到共同语言，将来有机会与你就共同兴趣进行深入交流。

因此，在自我介绍时你还要突出自己的爱好。爱好不用讲太多，挑最突出的三点就够了。

仅仅说“我有三个爱好：读书、唱歌、宠物”，是不够的。要想给别人留下足够深刻的印象，你还需要有具体事实：“我有三个爱好。第一个爱好是读书，我喜欢读的是科幻小说；第二个爱好是唱歌，我是邓紫棋、戴佩妮的歌迷；我的第三个爱好是养宠物，我养了一条叫作‘芒果’的泰迪犬。”

当你在生活中、职场上结交新朋友时，就可以使用交际版自我介绍。

6.4.2 职业版自我介绍

在职场上还有一类场合需要做自我介绍。那就是当你向初次见面的领导或商业伙伴介绍自己的时候。

这时交际版自我介绍就不合适了，你要拿出一个职业版的自我介绍。职业版自我介绍与交际版自我介绍的结构相同，但是更突出体现自己的职业能力和业务专长。

1. 向领导做自我介绍

在领导面前，你的最大“卖点”是业务专长。领导知道了你擅长什么，日后有需要的时候就会想起你，发挥你的长处。

在向领导做自我介绍时，你需要把“职业”替换成“职务”，把“爱好”替换成自己的三个业务专长。

例如，你可以这样说：“张总您好！我叫某某，是新到任的集团企划部经理。我个人的长项是组织战略规划、品牌管理和组织架构设计，很荣幸加入公司！”

2. 向客户做自我介绍

在商务场合中，你的最大“卖点”是你的工作职责——你的工作内容是什么，你有什么职责和权限。

如果是向初次见面的商业伙伴做自我介绍，你需要把“职业”替换成“职务”，把“爱好”替换成“职责”。这样对方就知道在什么情况下需要联系你，以及你的权限范围在哪里。

例如，你可以这样向客户介绍自己：“您好！我叫某某，是某公司的区域销售经理。我负责您所在区域的市场拓展、售后支持和关系维护。很高兴能有机会与您合作！”

现在，你会“销售”自己了吗？你找到自己的“卖点”了吗？

道生老师敲黑板

- “佛系自我介绍”有什么特点？______________________________。
- 交际版自我介绍的“卖点”有哪些？____________________________。
- 向领导和客户做自我介绍时的“卖点”分别是什么？____。
- 解读名字的方法主要有哪几种？______________________________。
- 介绍职业时建议使用的金句：________________________________。

道生老师留作业

- 请用一种有创意的方式介绍自己的姓名。
- 请使用“如果你……”句式介绍自己的职业。
- 假设你出席一个行业座谈会，你将如何向同行介绍自己？
- 假设你出席一个职场表达培训的工作坊，你将如何向同学介绍自己？

6.5 让偶遇成为机遇

——见了领导如何不尬聊

今年年初，我到去年曾经委托我做表达培训的一家公司做回访。日程结束后，我想找去年曾见过面的运营管理部经理小魏聊聊。负责接待我的职员告诉我：“您找魏总吗？人家已经晋升为总经理助理啦！”

见到小魏，我祝贺她获得了晋升，并好奇她是如何获得快速提拔的。

小魏不好意思地说：“其实我也没做什么。就是去年去成都开会的时候，在飞机上我和总经理凑巧坐在了一起，聊了一路。不知是我的什么问题打开了总经理的话匣子，他跟我讲了很多成长中、创业中的经历和感悟。我也跟他分享了我在工作中的体会，以及我对公司管理的建议。回来以后没多久，我就被提升为总经理助理了。”

我冲小魏竖起大拇指："你真棒！你成功把握住了在领导面前展示自我的机遇！"

无独有偶。2019 年年初，在某集团年会上，员工表演的节目《释放自我》在公司内部引起了极大反响。大家纷纷感慨职场官僚主义的危害，盛赞几位"90 后"年轻人的勇敢直言。

相信这几个年轻人也一定给集团老板留下了深刻印象。日后再看到这些名字，领导很可能会眼前一亮："这不就是表演节目的那个年轻人吗？有才华、有胆量！"

在职场上是需要"刷存在感"的。如果能够像小魏和"释放自我"节目组那样，在高层领导心中留下深刻的正面印象，就很可能走上职业发展的"快车道"。

试想，在同等竞争条件下，如果一个候选者的名字让老板频频点头："这个人我了解，感觉不错！"而另一个人的名字让老板皱起眉头："这个人是谁，我怎么没印象？"——你觉得哪个人更有机会胜出呢？

> 在领导面前展现自我的机遇随时都可能出现，就看你如何抓住它！

在领导面前展现自我的机遇随时都可能出现，就看你如何抓住它！

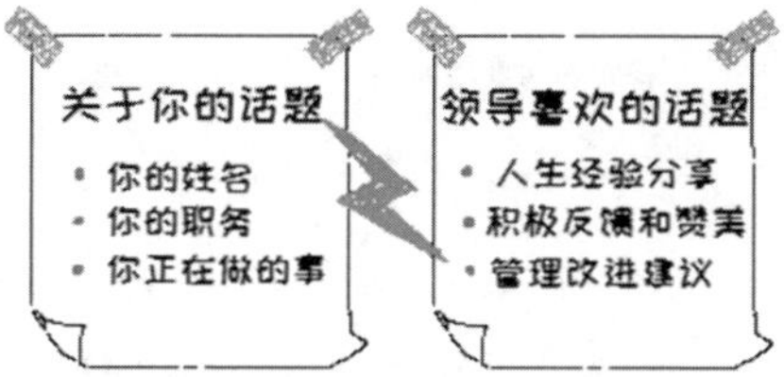

要想给领导留下印象，你可以利用这个机会做一个简短的自我介绍，让领导知道你是谁，负责什么业务，例如："李总您好，我叫张帅，是市场部新来的区域推广专员，负责西北市场的拓展，目前在参与'满天星'项目"。

领导如果对项目感兴趣，可能就会问你："现在项目是什么情况？你给我说说。"这样你们就攀谈起来了。如果领导想了解更多情况，就可能找个地方与你深聊，你和高层领导的关系就从此建立起来了。

需要注意的是，在与高层领导交流后，你应该尽快向自己的直属领导汇报这次谈话的内容，例如："今天吃饭的时候我遇到了李总，他问了我关于'满天星'项目的情况，我是这么说的……"以避免有"越级汇报"之嫌。

再看另一种情况。你正在机场或车站等候时，发现高层领导就坐在你身边。这意味着你将有相对充裕的时间与领导进行深入交流。

除了介绍自己，还可以与领导聊一聊哪些话题呢？

1．人生经验的分享

很多领导喜欢跟员工分享自己的人生经验。类似下面这些问题，如果你带着诚意向领导请教，他通常会很乐意回答。

- 在您走向成功的过程中，哪些品质起到了关键作用？
- 在人生最艰难的时刻，您是如何面对挑战的？
- 哪些人或书对您的影响最大？
- 您对我们年轻人有哪些忠告？
- 您对我们这个行业的前景怎么看？

在聆听领导分享人生经验的时候，你不仅获得了有益的启迪，也会让领导感受到你强烈的上进心。

2．积极反馈和赞美

领导们都喜欢听到来自员工的积极反馈。你可以借此机会，感谢自己在工作上得到的支持和关照，表达自己对公司的归属感。

所有人都喜欢被恭维，你也可以不失时机地表达一下对领导的赞美。需要注意的是，你的赞美一定要具体到某个细节上，不能泛泛而谈。

例如，“我拜读了您在最新一期内刊上发表的卷首语，对我触动很大。对于严查‘跑冒滴漏’的要求，我特别有共鸣”或者“您在年会上的讲话，对行业形势分析得太透彻了！其中关于共享经济发展趋势的预测，真可谓洞见深刻”。

当你这样用细节来表达赞美的时候，领导就能感受到你的态度是真诚的。同时，借由表达共鸣，你也巧妙地展示了你与领导一致的价值取向和境界追求。

3．管理改善的建议

与基层员工“亲密接触”对于高层领导来说，也是难得的“体察民意”的机会。他们可能会问你：“你觉得公司管理还存在什么问题？哪里还可以改进？”

这时候如果你提“能不能提高加班补助标准”就显得太不成熟了。

你需要从领导感兴趣、可操作的维度上提出一些管理改进的建议。例如，希望公司给予员工更多的职业生涯规划辅导、对于员工的创新行为给予更多激励等。如果能提出一些具体的实施建议就更好了，这证明你确实就这些问题进行过深入思考。

需要留意的是，在与领导互动中应避免涉及敏感话题。

- 与公司战略方向相关的宏观问题。
- 与公司经营策略相关的具体话题。
- 背后揭短、中伤的人际关系话题。

如果你能在互动中保持放松的心态和积极的态度，你和老板的相遇将会成为宝贵的契机。一次偶遇，或许将为你打开职业生涯的一扇大门！

道生老师敲黑板

- 在偶遇高层领导时，除了自我介绍，还可以和领导聊哪些话题？____。
- 与领导聊天应避免涉及哪些话题？________________________。

道生老师留作业

- 在你所在公司的高层领导中选择 3 个人，想象与他们分别发生了一次偶遇。请针对每个人构思 3 个有关人生经验的问题、3 个积极反馈和赞美的话题、3 个改进公司管理的建议。
- 你最想向公司高层领导展示的能力和素质有哪些？你准备如何在与领导的偶遇中展示它们，从而在领导心中留下深刻印象？
- 你有过和高层领导偶遇的经历吗？你当时是怎么做的？

二　业务骨干篇

当职场新人从适应期的深海中浮出水面，他欣喜地发现自己学会了在职场的海洋中遨游，蜕变为真正意义上的职场人。

他将面临更为复杂的业务情形，更为频繁的跨部门沟通，更多面向中高层管理者的“向上汇报”。

作为业务骨干，已经不能满足于“把话说对”，而是要“把话说好”。

- 向上汇报论点鲜明、结构清晰。
- 公众表达镇定自若、气场强大。
- 团队协作讲求策略、应付裕如。
- 通过表达彰显形象、脱颖而出。

……

职场是“做”的舞台，也是“说”的江湖。业务能力和表达能力如同职场人的两条腿。两条腿彼此支撑、交替向前，才能在职业道路上走得快、走得远……

第七章

表达结构精心构思

- 职场表达提出观点的时机
- 职场表达如何让要点突出
- 如何让听众记住讲话要点
- 如何撰写精练完整的提案

C 核心

A 理由

R 诉求

7.1　先说结论还是后说结论

——职场表达提出观点的时机

小王负责一个重要项目的售前支持。在一次公司办公会上，总经理让他汇报项目进展。

小王说道："上周我到了客户那里，先拜访了负责采购的副总，然后又参观了他们的生产线，后来……"总经理不耐烦地打断了他："别啰唆，快说你的结论是什么！"小王一下子不知所措了，最后还是部门负责人张经理替他解了围。

会议结束后，张经理叮嘱小王："以后记得，向领导汇报工作要先说结论。"

一个月后，小王向张经理汇报工作。他记得张经理说过要"先说结论"，于是开口说道："要想拿下这个客户，我建议咱们的报价下调 30%！"张经理一瞪眼，打断了他的话："你疯了？我们的报价已经不能再低啦！你先告诉我，你的理由是什么？"

小王有些懵了：一会儿让我先说"结论"，一会儿让我先说"过程"，这到底该怎么说？

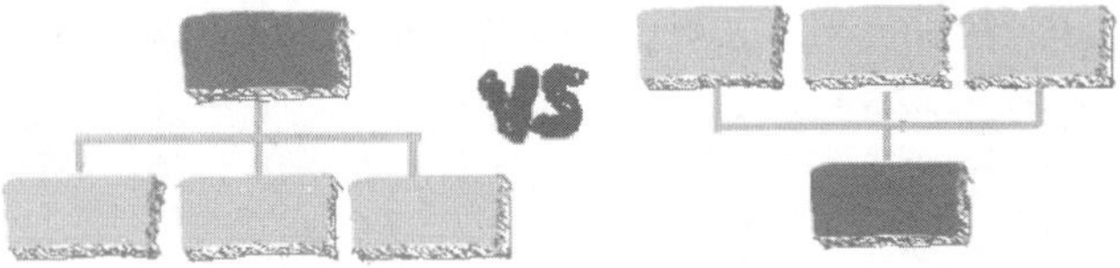

我们在本书 1.2 节中说过，"结论先行"是职场表达的基本原则之一。可是你要知道，"结论先行"需要满足以下条件。

1．对方熟悉和信任你

比如对方是你的领导，或者对方对你的专业性、权威性高度认可。

2．对方了解你谈的内容

你和对方谈论的不是全新的话题，对方对事情的来龙去脉已经有了一定了解。

3. 对方乐于接受你的观点

对对方而言，你传达的信息是有利的或至少是中性的，或者你确信自己的观点能够得到对方的支持。

以小王向公司领导的汇报为例。总经理对项目背景已经有了足够了解，当下关注的只是项目进展。在这种情况下，小王就应该“结论先行”，跳过细节直接说结论。

“结论先行”适用于职场汇报的大部分场合。不过在有些场合中反而要“结论后行”。

1. 当观点具有争议性时

以小王向张经理的汇报为例。虽然彼此很熟悉，张经理对项目也有所了解，但是大幅下调报价会影响部门业绩，这是一个有争议性的话题。小王一开口直接抛出观点，就容易遭到领导质疑，导致汇报难以顺利进行。

当观点具有争议性时，最好提前把理由和逻辑交代透彻，做好铺垫再推出结论，这样对方才更容易接受。

> 当观点具有争议性时，最好提前把理由和逻辑交代透彻，做好铺垫再推出结论。

如果小王这样说可能就会好一些：

“经理，我想跟您谈谈项目投标报价的事情。我和客户负责采购的副总关系很好。在一次喝酒的时候，他透露我们的技术方案很优秀，但主要竞争对手的报价几乎是我们的一半。如果以现在的价格投标，中标希望很渺茫。他说只要我们肯降价，他一定会力主选择我们。因此，我建议将报价下调 30%。综合我们的方案质量和客户关系，我相信我们的胜算很大。”

2. 当对方对你谈的主题不了解时

如果你向领导汇报一个全新的项目，就应当从背景、必要性、收益和风险预期、实施规划等方面一一展开，将领导的意图一步步引导到你期待的方向上。

待领导已经与你站在同一条战壕里，你再适时推出自己的观点，说服领导就成了水到渠成的事情。

3. 当对方对你不够熟悉和信任时

当第一次向客户介绍方案时，如果你不具备足够的权威性，直接抛出观点就容易被视为冒失和武断。

你应该从行业发展、技术趋势、同行经验、成功案例等入手，先让客户认可你的专业水平，再提出你的观点，就容易被客户接受了。

4．当预见到你的表达内容可能造成对方的情绪产生波动时

假如你突然开口对领导说："领导，我提出辞职！"你猜领导会是怎样的反应？会不会错愕、困惑，甚至是愤怒？

这时候最好"结论后行"，先做好铺垫，让表达变得委婉一些：

"在公司的八年是我人生最宝贵的成长经历。我遇到了最好的领导、最优秀的同事，也有幸获得了宝贵的职业发展机遇，使自己成长为一名业务骨干。同时，我也感到职业生涯进入了瓶颈期，我想用更大的挑战来突破和证明自己。因此，我向您提出辞职。"

5．当需要刻意保留悬念时

无论是产品发布会还是颁奖典礼，都是层层铺垫、烘托气氛，最后才"千呼万唤始出来"，在气氛达到最高潮时揭开谜底。试想如果提前揭晓答案，是不是就会索然无味了呢？

结构服务于功能。

无论是"结论先行"还是"结论后行"，论述的结构都取决于表达的具体情境——你与对方的关系，以及观点的可接纳度。

> 结构服务于功能。论述的结构取决于表达的具体情境。

现在，你还对"先说结论，还是后说结论"感到困惑吗？

道生老师敲黑板

- "结论先行"的目的在于：______________________；
  "结论后行"的目的在于：______________________。
- "结论先行"需要满足的条件：__________、__________、__________。
- "结论后行"适用的场合：__________、__________、__________、__________、__________。

道生老师留作业

- 以下哪些场合适合“结论先行”，哪些场合适合“结论后行”？

  （1）向同事们宣布部门获得公司“最佳团队”提名。

  （2）通知客户正在执行的项目需要延期完成。

  （3）向直属领导提出加薪申请。

  （4）向部门经理申请追加 30 万元项目预算。

  （5）作为新人，在行业交流论坛上提出一个新的观点。

- 请结合你的工作实际，举出 5 个“结论先行”的例子，5 个“结论后行”的例子。

7.2 让表达拥有“灵魂”

——职场表达如何让要点突出

你是否有过这样的经历：听了一番讲话，却不明白讲话者到底想说什么，想让听众做什么……

出现这种情况，往往和一个原因有关——要点不够突出。

如果讲话的要点不够突出，听众就要受累了。他们需要反复揣摩讲话内容，猜测讲话者的意图。

有一本关于网站交互设计的书叫作 *Don't Make Me Think*。书中阐述了“不要让用户思考”的理念：当用户看到一个功能时，应该能马上理解它的作用用户不需要为了理解它的作用而思考。

这个理念同样值得我们在职场表达中借鉴。

在我们讲话时信息流是线性的。听众如果一边听，一边还要回忆之前的内容来厘清逻辑关系，就会很辛苦。因此，讲话者需要把核心思想清晰地呈现出来，减轻听众既要接收信息又要思考意图的负担。

要想清晰地呈现讲话的要点，你需要把握“**核心语句**”和“**30 秒纲要**”。

7.2.1　核心语句

如果领导让你用一两句话概括汇报的内容，你会怎么说？

如果听众要用一两句话，向同事传达你讲的内容，他会怎么说？

如果一个月后，关于你的讲话，听众只记住了一两句话，内容会是什么呢？

这“一两句话”，就是你整个汇报内容表达的“核心语句”。

核心语句是一篇讲话的“灵魂”。在讲话中，其他的一切都是为拓展、解释、证明核心语句服务的。

手电筒的光照不了多远，而激光却可以直达很远的地方。原因就在于激光是高度聚焦的，而手电筒的光是散射的。聚焦核心语句，把它讲清、讲透，表达就会像激光一样具有穿透力。

> 聚焦核心语句，把它讲清、讲透，表达就会像激光一样具有穿透力。

要想让核心语句更有吸引力和说服力，你不仅要阐述“做什么”，还要描绘“达成什么结果”。

例如，“建议在西南区域建立 40~50 家专营店”就不如“建议在西南区域建立 40~50 家专营店，可在一年内将销售额提升 30%”的说法更能打动听众。

7.2.2　30秒纲要

仅仅有了核心语句还不够，你还需要将核心语句扩展成一段纲要。这段纲要的讲述时间不要超过 30 秒。

为什么是 30 秒？

心理学家发现，人们判断别人讲话的内容是否有吸引力，最多只需要 30 秒。也就是说，你只有不到 30 秒的时间来抓住听众的注意力——讲好了，听众就会有兴趣继续听下去；讲不好，你就大概率失败了。

> 30 秒表达是你能否清晰阐述自己观点的衡量标尺。

30 秒表达是你能否清晰阐述自己观点的衡量标尺。有一句话说得好：“如果不能在 30 秒内阐明你的思想，给你一个小时恐怕也说不明白。”

如何生成一段 30 秒纲要呢？和大家分享一个**“汽车（CAR）模型”**。

- 核心（Core）——陈述核心语句。
- 理由（Argument）——遵循“凡事成三”原则，讲最重要的三点。
- 诉求（Request）——提出对听众的要求，如做出决策、采取行动等。

举个例子，假设你要申请在西南销售区域建立专营店体系，汇报的“汽车（CAR）模型”可能就是下面这样的。

核心：在西南区域建立 40~50 家专营店，可在一年内将销售额提升 30%。

理由：首先，专营店有助于提升品牌形象；其次，专营店可以将竞争对手排挤出渠道；最后，按单店收益测算，可以将销售额提升 30%。

诉求：下面我将详细介绍调研分析、收益测算和实施规划，希望各位领导能够批准我的方案。

我们把基于“汽车（CAR）模型”生成的 30 秒纲要串联起来，完整的表述就是以下这样的。

“在西南区域建立 40~50 家专营店，可在一年内将销售额提升 30%。理由如下：首先，专营店可以大大提升品牌形象；其次，专营店可以将竞争对手排挤出渠道；最后，经测算可以将销售额提升 30%。下面我将详细介绍调研分析、收益测算和实施规划。希望各位领导能够批准我的方案。”

30 秒能讲多少字呢？

我们通常的讲话速度是每分钟 200~250 个字，30 秒就是大约 100~125 个字。30 秒纲要包含的信息量，是不是超出了你的想象呢？

30 秒纲要需要开宗明义，放在讲话开头的“黄金地段”。

心理学上有“首因效应”和“近因效应”，即最早和最近接触的信息更容易被记住。因此，在讲话中最开始说的几句话，往往听众印象最深刻。你要让听众一开始就能够清晰地了解讲话的主旨和需求，这里也再一次体现了“结论先行”原则。

汇报结束时，你最好再次重复30秒纲要：“最后，我再总结一下……”通过总结，将听众的思想拉回到你的核心主张和诉求上来，督促听众按照你的期待采取行动。

核心语句为讲话注入了“灵魂”，30秒纲要则为“灵魂”塑造了形象。逻辑架构、论证过程如同筋骨和肌肉，都依托“灵魂”而生，为“灵魂”服务。

构思职场讲话，从“塑造灵魂”开始！

道生老师敲黑板

- 30秒纲要的意义在于：______________________________。
- “汽车(CAR)模型”的三个要素包括__________、__________、__________。
- 30秒纲要需要在讲话的什么位置出现？______________、______________。

道生老师留作业

- 打开手机的计时功能，在不看手机的情况下，凭自己的感觉计时30秒；然后比较自己的感觉与实际时间长度有多大的出入。

  打开手机的计时功能，在不看手机的情况下，凭感觉讲30秒长度的一段话。这段话可以是自我介绍、对当前工作的描述，或者是你喜欢讲的任何内容。比较自己的感觉与实际时间长度有多大的出入。反复进行练习，直到将每次讲话的时间控制为30秒钟左右。
- 假设你需要针对当前工作进展为领导做一次汇报，请构思你的核心语句和一段30秒纲要。

7.3 照顾好内在的“小孩”

——如何让听众记住讲话要点

昨天别人跟你说过的话，你还记得多少？

德国心理学家艾宾浩斯发现，如果只是凭借机械记忆，听到的信息在 20 分钟后就只剩下了 58%，一天之后这个数字就变成了 33%。这被称为“艾宾浩斯曲线”——只要一天时间，记忆的内容就只剩一小部分了，而且还可能是无足轻重的那部分。

如何让自己的讲话内容被他人深刻记忆？你需要了解一点大脑记忆的原理。

你记忆最深的事物是什么？

肯定不是在学校里学的知识——不论当年背得多么滚瓜烂熟，随着时间的推移很快都会被忘掉。

> 要想让别人轻松记住我们表达的观点，我们需要调动他们的潜意识来工作。

可是有一些东西，比如某个场景、某段旋律、某人说过的某句话，会让你刻骨铭心。

你当时并没有想：“我必须把这些记住。”有一个角色悄悄替你完成了这项工作——潜意识。

要想让别人轻松记住我们表达的观点，我们需要调动他们的潜意识。

要想让潜意识工作，先要了解潜意识记忆的特点。

还记得三岁的你是怎样学习的吗？小孩的学习有三个特点。

特点一：简单

小孩不喜欢复杂的逻辑。他们只能听懂简短的语句，就像“小蜜蜂，嗡嗡嗡，飞到西，飞到东……”

特点二：重复

研究表明，如果一个人只接触某个信息一次，30 天后最多只能记得 10%；但是如果接触同一个信息 6 次，30 天后就能记得 90%。小孩学习知识的时候，需要在一次次重复中不断加深记忆。

特点三：形象化

小孩不爱听大道理，但是都喜欢听故事。通过故事中的情节和隐喻，小孩子很容易就能领会其中蕴含的人生哲理。

> 要想让别人轻松记住我们表达的观点，我们需要调动他们的潜意识来工作。

潜意识就是藏在我们身体里的“小孩”。

- 潜意识喜欢简单、直接的语言。
- 潜意识需要通过一遍遍重复来加深记忆。
- 潜意识喜欢形象化的东西，像故事、比喻都是潜意识的最爱。

要想让别人轻松记住讲话的要点，就要迎合潜意识的需要——**简单**、**重复**、**形象化**。

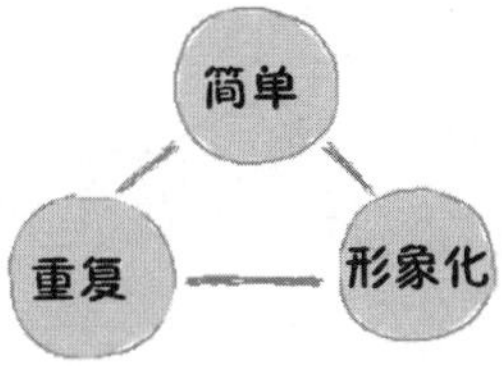

7.3.1　简单

你需要将讲话要点用最简单的语言表达出来。

在讲话前，先想好要听众记住的观点是什么，然后加以提炼，以关键词或短语的形式呈现出来。

例如，“我们要细化每个人的岗位责任，明确每个岗位的工作目标，严格执行阶段性绩效考核”这句话，就不如用“细责任、定目标、严考核”九个字来简单概括。

这方面我们需要向广告学习。广告语言要求简单、易懂、易读、易记，就是充分利用了潜意识记忆的特点。为什么“某某山泉有点甜”“这一杯，谁不爱”如此让人念念不忘？就是因为简单。

7.3.2　重复

在说话的过程中，要不断重复要点以加深听众的记忆。

这方面我们同样要向广告学习。有些广告之所以令人印象深刻，关键在于手机、电视、交通工具、公共场所的“密集轰炸”。

在讲话中，我们也要让关键词在各个部分中重复出现，实现“密集轰炸”。例如，我们可以将关键词设置在目录中：“今天我要讲 A、B、C 三点。首先我们来看 A……刚才讲了 A，现在来看 B……我们已经知道了 A 和 B，接着讲 C……最后回顾一下今天的三个要点 A、B、C……”这样讲下来，何愁 A、B、C 三个要点不被记住？

7.3.3 形象化

潜意识喜欢比喻、讲故事等形象化的表达。

在 2018 年 10 月举办的中国—荷兰经贸论坛上，荷兰首相在上台发言时没有按照既定路线走上台阶，而是直接一步“跨”上了主席台。

到我们的李克强总理讲话的时候，他也是从座位起身，一步“跨”上主席台，开始了自己的即席演讲：“我刚才和吕特首相一样，也没有走你们主办者设定的‘小台阶’，我们俩都是一步跨上了一个‘大台阶’。这显示了中荷两国目前的新关系，尤其是两国务实合作真正迈上了一个新的‘大台阶’！”高明的讲话者应用比喻真是信手拈来！

成人也喜欢听故事。一个生动的故事，往往胜过千言万语的大道理。

> 一个生动的故事，往往胜过千言万语的大道理。

为新员工介绍联想创业史的时候，柳传志总是喜欢讲早年和搭档李勤去香港出差的故事。当时他们的钱只够在宾馆里租一个房间，而且房间里只有一张单人床。李勤说：“你是总经理，你睡床上。”柳传志则坚决不肯：“你比我年纪大，而且腰不好，你睡床上。”两人彼此谦让，争着睡在地上。

讲故事的好处在于不是直接灌输道理，而是让听者通过故事产生身临其境的代入感，产生情感共鸣，从而引发思考，找到自己的答案。

柳传志通过这个故事，潜移默化地传递了联想的企业价值观：提倡平等，没有尊卑之分；提倡节俭，反对奢侈浪费。

试想如果只是高喊口号：“我们要平等尊重！”“我们要勤俭节约！”还能有这样“润物细无声”的效果吗？

道生老师敲黑板

- 潜意识记忆的特点：________、________、________。

道生老师留作业

- 请将你今年的前三项重点工作（如果没有的话，就用你的前三项岗位职责代替）分别提炼短语（动词+宾语结构）或关键词。你可以反复进行这项练习，直到字数越来越少、内容越来越精练。
- 除了文中提到的“将关键词设置在目录中”，你还能想到哪些重复要点的方法？
- 请用比喻来形象化表达以下概念：

  （1）一次高效的复盘就像________。

  （2）让表达的要点清晰呈现就像________。

  （3）激发员工的潜能就像________。

  （4）提升职场表达能力就像________。

  （5）______（写下你的概念）就像________。

  （6）______（写下你的概念）就像________。
- 在职场上，你听过、见过哪些令你印象深刻的比喻或者故事？

7.4　在“分饼”游戏中胜出

——如何撰写精练完整的提案

有人说，公司里每天都在上演“分饼”的剧目。

项目立项、产品开发、市场拓展、团队扩充……都是各个部门分割公司人、财、物资源“大饼”的舞台。谁分到的“饼”更多，谁就有机会做成更大的事情。

要想争得资源，就要在老板面前讲好“故事”。竞争资源的成败，在很大程度上是由提案质量决定的。

假设你是一家公司的人力资源部门负责人，打算在公司内开展职场表达技能培训。为此，你需要在公司办公会上向老板做一次提案汇报。如果给你的时间只有10~15分钟，你该如何做一个既精练又完整的提案呢？

向大家推荐一个简单、快捷、好用的提案汇报模板，简称“**PAPERS 模型**”。

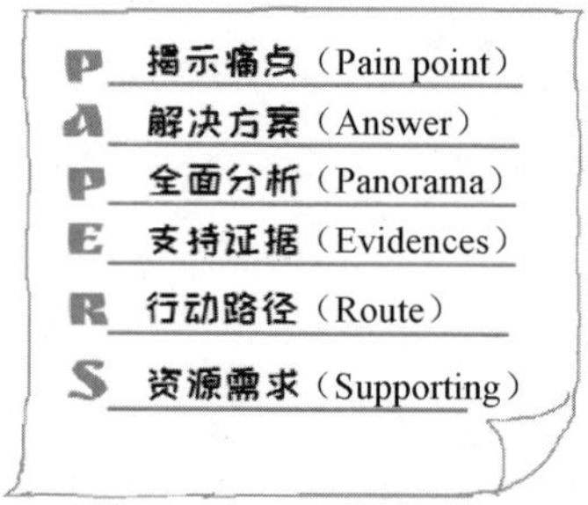

7.4.1 揭示痛点

你需要强调问题的重要性和紧迫性，以引发老板的关注。这个过程被称为“抓痛点”。

如果“痛点”只是你关心的问题，可能在老板那里根本就排不上号。为了引起老板足够的关注，你需要善于将自己的“痛点”转化为老板的“痛点”。

> 为了引起老板足够的关注，你需要善于将自己的“痛点”转化为老板的“痛点”。

例如，如果你说“表达能力对于员工职业发展的意义重大”，老板很可能就没有感觉。

可是如果你说：“目前员工表达能力薄弱，导致会议效率低下，低效、无用的会议占用了大量的工作时间”，老板联想到公司的实际情况，很可能就会很有同感。

如果你再说：“通过与离职员工谈话发现，员工对于领导不善于沟通、不懂得如何激励和批评下属的抱怨非常集中”，就更会激发老板的共鸣，因为人才流失一直是他非常关注的问题。

因此，你需要尽量从与老板利害相关的角度展示问题的重要性和紧迫性，这样才能抓住老板的“痛点”。

7.4.2　解决方案

只是提出问题还不够，你还要提出解决方案。

还记得在本书 7.2 节中提到的核心语句和 30 秒纲要吗？在这个环节中，你需要以 30 秒纲要的形式，用精练的语句提出你的目的和需求。

你可以这样说：“基于以上问题，我建议邀请第三方机构举办职场表达系列培训，提高员工的职场汇报、会议组织和人际沟通能力，从而提高组织沟通效率。”

接下来，你需要从三个方面阐述这项举措将为公司带来的好处，并呼吁管理层予以支持。

7.4.3　全面分析

老板在权衡一个提案的时候，通常会从优势（Advantages）、收益（Benefits）、成本（Costs）、风险（Dangers）四个维度考虑。你可以使用“**ABCD 分析模型**”，从这四个维度分别做出回答。

1．优势

你需要阐述和其他方案相比，你的解决方案的优势在哪里。

具体到职业表达培训的提案，你需要说明选择第三方机构的服务，与利用内部资源开展培训相比优势在哪里。例如，你可以强调第三方机构在培训的专业性和系统性上的优势，同时不占用内训师的时间和精力，还可以通过财务和法律手段对培训质量进行把控，等等。

2．收益

在谈提案收益时要注意以下两点。

首先，你需要将提案所创造的效益与组织整体战略目标挂钩，让老板看到你优先考虑的是公司的整体利益。因此，“提高组织沟通效率，建立统一的内部沟通语言”就比“提升员工职业素质”更能引起老板的兴趣。

其次，对收益要尽可能进行具体可衡量的测算。你测算得越清楚，老板越容易预见提案实现后的效果。

3. 成本

老板总是很关心做一件事要花多少钱，你需要告知老板实施提案的成本会是多少。

在这里，你可以提出本书在 2.1 节中推荐的“选择判断题”。

例如，你可以按照人员培训规模设计大、中、小三档培训方案，并分别测算相应的资金需求；然后，综合考虑培训效果和成本水平，给出你建议的培训费用支出方案，请老板定夺。

4. 风险

忽略风险的提案是不够全面的。你需要向老板展示你已经预见到所有可能的风险，并能够采取有效措施防范风险。

具体到职场表达培训项目，你可以说：“这个项目可能面临的风险来自三个方面：培训专业性、业务贴合性及落地操作性。为此，在前期我们将与培训机构进行细致沟通，共同开发课件，在过程中随时根据员工的反应对内容进行调整。在培训之后，我们将邀请培训机构直接进行现场观察和介入式辅导，确保员工理解和掌握所培训的内容。”

7.4.4 支持证据

对你而言最有力的证明，莫过于类似项目在其他公司成功实施的经验。

要想说服老板，你需要事先走访开展过类似项目的公司，了解其实施效果和应用情况。

在汇报的时候，你就可以非常自信地说：“据我们了解，目前行业内 A 集团、B 集团、C 集团均实施了同样的项目，效果都很好，用户方都很满意。”

你可以把相关人员访谈、现场观察得到的信息，以及用户方评语与反馈等作为附件，供老板在需要时查阅。

7.4.5 行动路径

接下来，需要展示你的实施时间计划，包括项目的开始时间、项目时长，以及各项主要工作的起止时间点、里程碑事件等。

7.4.6　资源需求

最后，提出需要老板及其他部门提供哪些支持和配合。例如，与培训机构沟通结束后，请老板听取专题汇报并确定合作对象；请各部门指派专人对接项目，并制订人员培训计划等。

汇报即将结束时，你需要重复本次提案的 30 秒纲要："最后，我再总结一下本次汇报的要点……"通过总结，再次回到自己的核心主张和诉求上来，并督促老板和其他相关人员按照你的期待采取行动。

> 汇报即将结束时，你需要重复 30 秒纲要，再次回到自己的核心主张和诉求上来。

在职场上，很多时候要求一两页纸、几页 PPT 就应把提案说清楚。

然而简约不等于简单。如果你能在提案中兼顾精简与完整，对老板的每个顾虑和疑问都提前给予妥善的解答，就能大大提高提案一次性通过的成功率，从而在"分饼"游戏中胜出！

道生老师敲黑板

- "PAPERS 模型"包含的要素包括__________、__________、__________、__________、__________、__________。
- "ABCD 分析模型"包括__________、__________、__________、__________。

道生老师留作业

- 假设你需要在公司总经理办公会上进行提案汇报。请参考"PAPERS 模型"，针对以下议题分别制作一份提案。

  （1）建议在公司内实行末位淘汰制，淘汰连续两个季度绩效考核末尾 10%的干部和员工。

  （2）建议在公司内推行新员工导师制，由有经验的老员工在新员工适应期内担任导师，辅导其尽快熟悉业务。

第八章

公众汇报从容呈现

*　面向公众汇报时如何回答提问

*　面向公众汇报时如何应对意外

*　面向公众汇报应如何准备和练习

8.1　像发言人一样镇定优雅

——面向公众汇报时如何回答提问

问答是在向公众汇报时不可缺少的环节。

通过回答问题，你不仅解答了听众的疑问，还可以借机将要点继续讲深、讲透，甚至补充一些之前漏讲的内容。发挥出色的问答环节可以为汇报增色不少。

要想在问答环节中表现出色，除回答的内容要准确以外，得体的应对表现也是必不可少的。在这方面，记者会上的发言人给我们做出了示范。

要想在问答环节中具有像发言人一样镇定优雅的气质，你需要掌握回答问题的模式——重复（Repeat）、肯定（Regard）、回答（Reply）、确认（Reconfirmation），简称“**4R 模型**”。

8.1.1　重复

有些人在听到问题之后急于回答，好像这样才显得自己胸有成竹。这样做其实不妥。如果你对于问题一知半解甚至完全没听懂，就可能答非所问。

比较明智的做法是先用自己的话把问题复述一遍：“您是说……吗？”或者“您的问题是关于……，对吗？”你也可以请对方重复一下问题：“对不起，可以请您再重复一下问题吗？”

通过重复问题，一方面可以确保自己正确理解了问题，另一方面也给自己争取了组织答案的时间。

> 通过重复问题，一方面可以确保自己正确理解了问题，另一方面也给自己争取了组织答案的时间。

8.1.2　肯定

每个人都需要被认可和肯定。领导提出问题，除表达质疑或者要求解释以外，也不排除想借机彰显自己的见地和智慧。

你不妨适时表达对领导的赞美，让领导的虚荣心得到满足。例如，“您的问题问得太深刻了”“您的问题点到了要害”“您果然是专家”。当然，这个环节并非必需，你可以相机行事。

8.1.3　回答

到这一步，你就可以回答问题了。

不过，即使你胸有成竹，也不妨在开口前停顿一两秒妥善组织一下语言，同时姿态上也显得更沉稳。

领导都具有强烈的时间意识，你回答问题时应尽量做到简明扼要，争取将时间控制在一两分钟内。如果领导想了解更多情况，自然会继续提问，或者让你事后提交补充材料。

8.1.4　确认

在回答问题之后，你最好再补充一句：“请问我回答了您的问题吗？”或者“您对我的回答满意吗？”这句话既标志着你的回答已经结束，也体现了你对领导的尊重。

我们都钦佩发言人回答提问时镇定优雅、从容不迫的姿态。殊不知台上光芒万丈的背后，是台下日复一日的精心准备。

> 台上光芒万丈的背后，是台下日复一日的精心准备。

一位媒体发言人曾介绍，为了准备一场新闻发布会，发言人团队要收集大约七十大类话题。这些话题是从浩如烟海的问题中“浓缩”而来的，要求能够覆盖媒体和公众关注的所有范围。

发言人如果提前做好针对话题的准备，现场就能够通过灵活组织语言和随机应变，应对关于某类话题的各种提问。

我们无法为问答环节投入像发言人那样多的精力。不过借鉴专家们的做法，还是可以大大减轻现场回答问题的压力的。

1. 准备问题

你需要尽量收集领导可能问到的问题。在汇报之前，你要向自己提出以下问题。

- 领导最可能提问的 10 个问题是什么？
- 自己最害怕回答的 10 个问题是什么？

2. 准备答案

为每一个问题准备好答案是不可能的，当然也没有必要。你可以借鉴发言人的做法，事先想好可能会涉及的几大类问题，准备好每类问题的“标准答案”，并做到烂熟于心，现场再根据具体的情况随机应变。你可以自己准备问题的答案，也可以找熟悉情况的同事研讨，共同准备答案。

事前的精心准备是现场应付自如的前提。花点儿时间预测可能被问到的问题、精心准备好答案，就会大大增强你临场的自信！

道生老师敲黑板

- 汇报时回答问题的“4R”分别是：____________________、____________________、____________________、____________________。
- 为了“有备无患”，在汇报之前你需要向自己提出哪些问题？____。

道生老师留作业

- 想象你即将向领导进行年终工作总结汇报，请向自己提出以下问题。
  （1） 领导最可能提问的 10 个问题是什么？
  （2） 自己最害怕回答的 10 个问题是什么？
  （3） 汇报可能涉及的问题大类有哪些？
  （4） 为每个大类准备的“标准答案”是怎样的？
- 请同事就你工作内容的任何方面向你提问，你应用“4R 模型”进行回答。事后请同事对你的表现进行点评。

8.2 不忘初心，方得始终

——面向公众汇报时如何应对意外

你有过在汇报现场出错的经历吗——讲着讲着突然忘词儿了，或者本来想说 A 结果说成了 B……

有些人一出错就会很窘迫地道歉，“不好意思忘词儿了”“我刚才说错了，我再重新讲一遍啊”。甚至有的女孩子当场不知所措，羞得满脸通红，急得直跺脚。

试想，当你又是道歉、又是捶胸顿足的时候，领导还有心思听你汇报吗？

其实，你完全没有必要慌乱，更没有必要自责。

要知道，领导们花费宝贵的时间和精力来听取汇报，最关心的是你讲的内容是否有价值，他们都希望你能讲好。即使在表达上有不完美的地方，领导们通常也能理解和接受。

我曾经不止一次在汇报中出错。每次台下的领导都会和颜悦色地说：“别急，慢慢来。”有时，他们还会主动针对讲过的内容提一些问题，让我从尴尬中摆脱出来。

汇报工作时要“不忘初心，方得始终”。这个“初心”就是分享有价值的信息、支持管理层决策。这也是汇报工作的唯一目的。

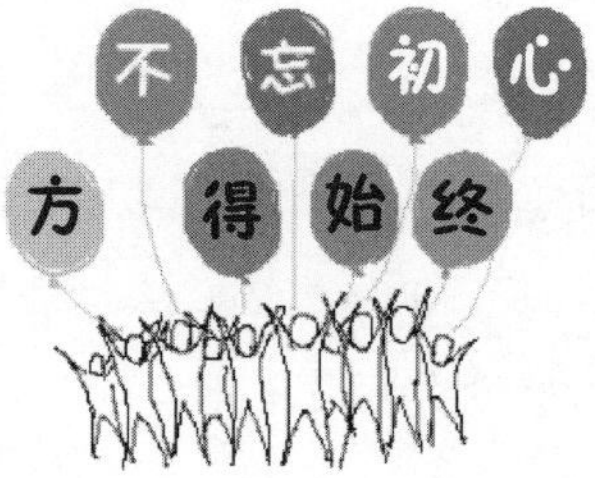

职场汇报需要始终专注于目标的达成，而不被过程中的小问题、小插曲所干扰。

请你举起一只手，距离眼睛大约 5 厘米，掌心朝向自己。当你透过略微张开的手指缝，看向远处任意物体的时候，是不是看得很清楚呢？

现在，请你将注意力集中在手指缝，看清手指分开的距离，看清手指的纹路。

你现在还能看清远处的物体吗？

注意力在哪里，能量就在哪里。如果过度关注问题和障碍，就会看不到目标。

> 注意力在哪里，能量就在哪里。如果过度关注问题和障碍，就会看不到目标。

如果你把注意力集中在自己的表现上，总是在想："我是不是很丢人？"那样你就无法兼顾汇报工作的真正目的了。

8.2.1　出错了怎么办

讲话时如果突然发现自己什么地方讲错了，你可以用以下两种方式冷静处理。

1．一带而过

如果本来想说的话忘了说，或者讲话的前后次序颠倒了，或者某个不重要的数据说错了，只要不影响大局，就当什么事都没发生，镇定自若地继续讲下去——请放心，除了你自己，没有人知道发生了什么。

2．重复纠正

如果汇报时出现了比较严重的失误，如说错了关键数据、重要概念，就不能一带而过了。你不需要强调"刚才我说错了"，这会让听众对你讲的其他内容的可信度也产生怀疑。

你可以不动声色，装作重复刚才的内容："刚才这部分内容很重要，我想再强调一下……"当讲到需要修正的内容时，你把正确的说法用加重的语气强调出来即可。

8.2.2　忘词儿了怎么办

有时候，在汇报中会突然发生"断片儿"的情况——大脑一片空白，想不起来接下来应该说什么。这时候，你可以"往后翻"，也可以"往前赶"，只要不"滞留原地"就好。

1．提问启发思路

你可以顺势向听众提问："关于我刚才讲的内容，大家有什么问题吗？"可能在回答问题的过程中，某个词语会给你带来提示，你就可以想起下面的内容了。

2. 重复总结内容

你可以若无其事地说："刚才讲得比较快，我们简单回顾一下。"也可以这样说："刚才的内容比较复杂，可能我讲得不是很清楚，我再解释一下。"然后你可以换一种表述方式，把前面讲过的内容再重复一遍。你一边重述一边寻找线索，就有可能回忆起遗忘的内容了。

3. 喝水争取时间

如果当下的时点不适合提问或者重述，你可以伺机找个借口："讲得激情澎湃、口干舌燥，先喝点水润润嗓子。"你可以借喝水的时机冷静一下，在头脑中寻找线索。

4. 跳跃返回补救

如果使用了前面的三种方法还是想不起来，也没关系。你可以直接跳过忘记的部分，先讲后面的内容。有时候在讲的过程中，会突然想起前面忘记的内容。这时候就可以找一个恰当的时机补充进去，你可以说："关于某某问题，我想再补充一点……"

5. 省略遗忘内容

如果用尽各种方法还是想不起来，就不要绞尽脑汁了。只要不是必须讲的内容，就干脆放弃，继续向前推进。

6. 查看提示文件

你可以事先把 PPT 或者文字稿打印出来，也可以写一个简单的提纲，汇报时放在触手可及的地方。万一忘了关键内容又实在想不起来，就大大方方地看一眼。这不是什么丢人的事，听众不会有任何意见的。

一个节目即使排练了上百遍，也可能在演出时出现意外。就连在"春晚"现场中，也会出现这样那样的失误。但我们很难察觉到失误，这是因为演员们处乱不惊、随机应变，善于用各种方法进行补救。

我们需要向"春晚"舞台上的演员学习，不论出现任何意外情况，都能从容镇定、冷静应对。

不忘初心，方得始终！

道生老师敲黑板

- 汇报时应对出错的方式有：______________、______________。
- 汇报时应对忘词儿的方式有：__________、__________、__________、__________、__________、__________。

道生老师留作业

- 关于“注意力在哪里，能量就在哪里”，你在工作和生活中有哪些体会？
- 你在公众表达、汇报工作时有过出错的经历吗？你是如何应对的？

8.3　功夫在诗外

——面向公众汇报应如何准备和练习

准备好了发言稿，做好了 PPT，是不是就万事大吉、坐等汇报了？

恐怕没这么简单。

开车上路之前，你通常会查看电子地图，看看哪里有拥堵情况，设计好出行路线。上车后，你会检查车况，看看仪表显示是否正常。做足了准备工作，开车上路才能放心。

同样的，在汇报前你也需要进行周密的准备，才能确保汇报万无一失。

8.3.1 核对数据

1. 确保数据准确

有一次我向领导进行汇报。已经讲了几十页 PPT，领导突然打断我："你退回到第 5 页我看看，" 接着指出："你这两页中的数据的逻辑关系不对，得不出这个结论。" 说完，领导站起身来："你再好好检查一下，看看别的地方是不是也有问题。" 然后转身径直走了。一次汇报就因为数据不严谨而失败了，令我非常羞愧！

高层领导一般都曾是一线业务高手，对于数据的合理性、逻辑性具有敏锐的直觉，汇报时任何疏漏都难逃他们的"法眼"。一旦被领导抓住破绽，就可能被"穷追猛打"。

> 汇报前需要仔细核对数据，特别是要验证数据之间的逻辑关系。

因此，汇报前需要仔细核对数据，特别是要验证数据之间的逻辑关系。

2. 确保数据一致

即便是同一个指标，由于数据来源和统计口径的区别，不同部门也可能在理解上存在差异。如果不事先确认，就可能在会上遭遇相关部门的质疑，出现尴尬的局面。

因此，如果数据与其他部门有关，一定要事先与之确认，以保证数据一致，或者能够对差异做出合理解释。

8.3.2 确认结论

1. 与直属领导确认

如果你在汇报中提出的观点有可能引发争议，最好提前与直属领导沟通以获得他的支持。这样，在汇报时万一遭到质疑，领导就会挺身而出为你解释。

千万不要想着"憋大招"，一鸣惊人！如果领导对你提出的观点毫无准备，你就无法指望他替你解围了。万一领导也站出来反对你的观点，你就很被动了。

2. 与兄弟部门确认

俗话说，"丑话说在前头"。如果涉及对其他部门的负面反馈，一定要提前与相关部门打好招呼，包括情况是否属实、表述是否恰当——毕竟在老板面前被人揭短不是一件愉快的事。大家低头不见抬头见，彼此总要给些面子。

8.3.3　估算时间

你有没有过这样的经历？前面的汇报讲得非常细致，突然一看表发现时间只剩下五分钟了，竟然还有一半内容没讲！于是只好道歉："真不好意思没时间了，下面我挑重点讲讲吧！"结果后面的内容变成了"蜻蜓点水"，汇报在匆忙中结束。

如果不事先计划好时间，汇报就容易出现"头重脚轻"的情况。本来准备了精彩的内容，结果由于时间的缘故不得不割舍，真是太遗憾了！

在职场汇报的时间分配上有"50：50"的说法，即如果给予的汇报时长为 20 分钟，其中用来讲述的时间约为 10 分钟。你需要给过程中的质疑和最后的提问环节留出充足的时间。

> 汇报的时候，通过把握几个关键节点控制好汇报的节奏，或者请同事现场给你暗示。

要想从容利用时间，你就要事先做好时间规划，设计好开头、中间、结尾各部分的大致时长。汇报时，通过把握几个关键时间节点，控制好汇报节奏，或者请同事现场给你暗示。

8.3.4　演练评估

有人说："我有演练啊！每次汇报前我都把 PPT 从头到尾通读几遍。"

这叫"熟练"，不叫"演练"。

> 所谓演练，就是完全模拟实际汇报的情境，完成至少一次完整的宣讲过程。

所谓演练，就是完全模拟实际汇报的情境，完成至少一次完整的宣讲过程。一个人把汇报内容在心里无声地过一遍，是起不到演练效果的。

只有通过演练，才能发现语速、语调、音量是否合适。

只有通过演练，才能发现汇报的结构是否合理、观点是否鲜明。

只有通过演练，才能知道哪里语句不够精练、衔接不够自然。

只有通过演练，才能体会整个汇报的节奏感和流动感，从而形成身体记忆。有了身体记忆，才能减少思路阻滞，实现自然流畅的临场发挥。

在演练时，我们需要构建与实际情况尽可能相似的场地环境，包括空间的大小、讲台的位置、有没有话筒等。

除此之外，你还要邀请几位熟悉业务并且乐于坦诚交流的同事扮演听众，在演练过程中像领导那样随时打断你、挑战和质疑你的观点。你可以给同事们做一下分工。

- “时间郎”负责检查整体和每个部分是否超时。
- “哼哈将”负责检查有没有口头禅。
- “语法官”负责检查在表达中有没有语法错误。
- “形体师”负责检查肢体语言的恰当性。

演练结束后，你要请同事们对你的表现给出反馈。

- 汇报主题突出吗？论证逻辑清晰吗？
- 讲话的语速、语调、停顿运用如何？
- 有没有“嗯”“啊”之类的口头禅？
- 讲话时的表情和肢体动作是否自然？
- 整个汇报的时间分配和时间控制是否得当？
- 回答问题是否从容镇定？回答的质量如何？

如果找不到听众，你也可以在会议室面向虚拟的听众演练，同时用手机拍下视频，事后回放检视。实在没有条件，自己在家对着镜子演练也是一个不错的办法。

8.3.5 准备问答

无提问，不汇报。在汇报的过程中必定有问答环节。

要想在问答环节中从容不迫，就需要对领导可能问到的问题进行针对性准备。

你可以自己准备问题，也可以请同事以“头脑风暴”的形式提出问题，具体方法可以参见本书 8.1 节中的内容。对于每一个问题，你要事先精心准备答案，做到烂熟于心。

在演练时，你也需要像在实际汇报中一样，遵循本书 8.1 节中提供的“4R 模型”，对每个问题进行规范、完整的回答。

即便像乔布斯、雷军那样的演讲大腕儿，在产品发布会之前也会花费一定的时间精心设计和演练。他们为了追求最佳效果，甚至会规定说每一句话时站立的位置、每一束灯光投射的方向。

功夫在诗外。台上轻松从容的背后，是台下精益求精的雕琢。

把功夫下在平时，才可能在现场应付自如，立于不败之地！

道生老师敲黑板

- 准备汇报时需要做的五件事：______、______、______、______、______。
- 汇报前核对数据和确认结论的必要性在于：______。
- 汇报前进行演练的必要性在于：______。
- 演练之后，邀请来的同事需要给你哪些反馈？______。
- 回答问题的“4R 模型”是指：______、______、______、______。

道生老师留作业

- 在面向公众汇报前你是如何准备的？你会进行演练吗？
- 请你设计至少五种在汇报现场掌控时间进度的方法。
- 在部门内组织一场专题汇报，可以是介绍某个项目的进展，也可以是知识技能培训。汇报前，邀请几位同事参加演练，并给你提供反馈。
- 你有过在汇报时因为数据或信息的准确性被质疑的经历吗？你当时是如何应对的？有哪些经验可以分享？

第九章

公众讲话燃爆气场

* 面向公众讲话前如何自我放松
* 读稿讲话时保持连接的技巧
* 面向公众讲话时眼神控场的秘诀
* 如何发出有影响力的声音
* 如何展现自信的肢体语言

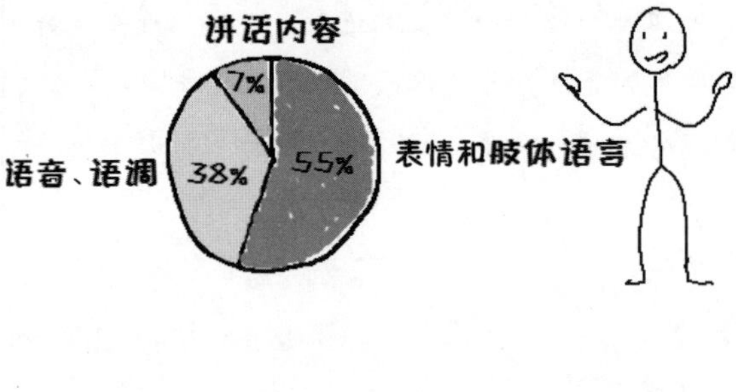

9.1 做身心的主人

——面向公众讲话前如何自我放松

脑门汗珠直冒，心怦怦跳个不停，大脑一片空白，想不起要说的内容……在面向公众讲话的时候，你是否也有过这样的紧张体验？

适度的紧张是好事。从生理上讲，你的身体进入兴奋状态，已经做好了迎接挑战的准备；从心理上讲，紧张让你保持专注，注意力集中。一些有经验的演员和运动员，在登台演出或者踏上赛场之前甚至会刻意让自己紧张起来。

我们需要避免的是过度紧张。当一个人过度紧张时，会将注意力集中在心理和身体的负面感受上，从而失去内在的力量，影响正常水平的发挥。

> 要想在公众表达时放松和自信，你需要从身体和心理两个方面与自己沟通，做身心的主人。

要想在面向公众表达时放松和自信，你需要从身体和心理两个方面与自己沟通，做身心的主人。

9.1.1 与身体沟通

1. 建立熟悉感

紧张情绪往往来自陌生感——陌生的环境、陌生的人很容易让人感到不安，肾上腺素激增。

要想消除陌生感，最好的办法是提前熟悉讲话的环境。你需要提前来到会场，绕着场地走走，用身体感受一下场地的氛围。

你可以用手摸摸墙壁、桌椅，感受它们的质感和温度；你也可以站在将要发言的地方，感受房间里的气味和温度，感受光线是否刺眼；你还可以试试话筒的音量，如果没有话筒，就测试一下多大的讲话声音可以保证全场的人都能够听见。

你需要在心里与环境建立友好的连接，感谢环境将给你带来的支持。接下来，你在心里告诉自己：“现在我对这里很熟悉了。这里很安全，就像在家里一样安全。”

2．放松身体

在发言之前，你可以找一个隐蔽的地方，通过一些小的肢体动作缓解紧张情绪。

- 深呼吸练习

做几个舒缓的深呼吸。吸气时尽量吸到最深，感觉到小腹最大程度隆起；呼气时小腹收缩，尽量排尽空气，同时嘴巴略微张开，发出长长的“呵——”的声音。深呼吸可以有效增加氧气供给，让头脑变得更加清醒。

- 紧张放松练习

双手用最大力气握拳，使双手的紧张达到极致，坚持片刻，然后突然完全地放松。你可以多次重复这个双手紧张和放松的动作。

如果环境合适，你也可以针对双臂、双腿做放松练习。

- 脸部放松练习

张大嘴巴，最大限度地打开口腔和牙关，充分拉伸脸上的肌肉，然后突然地放松。多次重复这个动作，可以让你的面部表情松弛自然。

9.1.2 与心理沟通

1．成功手印

找一个安静而舒服的地方坐下或躺下。闭上眼睛，放松身心，做几个深呼吸。

回想过去某一次成功的公开讲话经历。

你需要全身心地投入，让这段记忆在脑海里变得鲜活起来。你仿佛听到了人们积极的回应声、热烈的掌声，仿佛看到了人们兴奋的表情、追随的眼神。你感觉自己充满了自信、充满了力量！

继续闭着眼睛，将右手的拇指和中指指尖接触，用力按捏，感受肌肉用力的感觉，感受手指彼此施加的压力；同时，继续沉浸在那个成功讲话的画面中，保持一小段时间。

继续闭着眼睛，将手指松开。回忆一下你所在的这个地方：墙壁是什么颜色？门是什么颜色？地面是什么材质？

接着将右手的拇指和中指再次捏紧，再次让自己回到那个成功讲话的场景中，全身心地去感受……

继续闭着眼睛，将手指松开。默问自己：最好的三个朋友的微信昵称是什么？他们住在哪里？

再次把手指捏紧，再次回到成功讲话的场景中……

你需要多次重复这个动作，直到你一旦将右手的拇指和中指捏紧，头脑和身体就自动进入成功时刻的自信状态为止。

以后，每当你在公众表达之前感到紧张，就做一下这个“成功手印”的练习。它将迅速把你的身心调整到充满自信的状态！

2．交托压力

如果你为即将到来的公众表达感到紧张，现在就请你充分感受压力带来的焦虑。留意当你有这样的感受的时候，身体的哪个部位感到最不舒服。

接下来，找一个安静而舒服的地方坐下或躺下。闭上眼睛，放松身心，做几个深呼吸。

邀请一位你最崇拜的智者陪在身边。这个人无比睿智，任何问题都难不住他。如果没有这样一个实际存在的人，你也可以自己想象存在这样一位智者。

现在，想象用手把焦虑的感受从身体最不舒服的那个部位慢慢地取出来，捧在双手中。

你走到智者面前，把焦虑缓慢而坚定地转移到他的手上。你看到智者微笑着把你的焦虑接了过去。

你的手上完全空了。你甩甩手，感觉无比的轻松。

请你再次面对即将到来的公众表达场景。现在，你再去感受身体的那个部位。最初的那种不舒服的感觉是不是消失了？

如果还有“残余”的感觉，就重复几次刚才的动作，直到那种不舒服的感觉完全消失为止。

道生老师敲黑板

- 与身体沟通的三种方式：__________、__________、__________。
- 与心理沟通的两种方式：__________、__________。

道生老师留作业

- 参考“成功手印”介绍的步骤，生成属于你自己的“成功手印”。
- 除了消除焦虑，“交托压力”的练习还可以应用在哪些情景中？
- 在面向公众表达前，你都用哪些方法消除紧张、焦虑？

9.2 鱼与熊掌可以兼得

——读稿讲话时保持连接的技巧

公众讲话时要不要脱稿？

在演讲界中，脱稿讲话几乎是不成文的规则。脱稿讲话能够让演讲者自由展现肢体和表情语言，全心全意地投入到与听众的交流互动中，充分调动听众的情感，达成“演”的最佳效果。

不过在职场中，是否脱稿讲话却要根据具体情形而定。

在某些正式场合中，如宣读文件或者发布规定的时候，语言的精准非常重要。脱稿讲话就可能出现词不达意甚至表达错误的情况，这是不可接受的。

另外，在一些隆重的场合中，如在公司大会上宣讲工作计划，或者在庆典仪式上代表部门发言，如果你只是一名基层干部或者普通员工，脱稿讲话就可能显得不够郑重。

还有，职场上往往没有充分的时间用来准备发言。有时候，当天的讲话稿可能前一天夜里才匆匆写就。想在几个小时内做到熟稔于心，显然是不现实的。

在这些情况下，读稿讲话或许是更恰当的选择。

人们不喜欢读稿讲话，是因为它存在明显的缺点：讲话人在低头读稿的时候，注意力都在文字上，不容易关注到听众的反应；听众感受不到“对我讲话”，就容易心不在焉。因此，在读稿讲话的现场很容易出现讲话人和听众脱节的现象。

如何才能既发挥读稿讲话郑重、稳妥的优势，又能在最大程度上保持和听众的连接呢？和大家分享一个工具——“说读同步”。

所谓“说读同步”，就是将一个比较长的句子分成两个部分，在读出前半段文字的同时，眼睛快速扫描后半段文字，然后凭借记忆说出后半段的内容。

以本书 2.2 节中的一句话为例——“在职场中有一个非常重要的原则：让领导时刻感觉到事情处于他的掌控之中”。

我们以冒号为界，将这句话分为前后两个部分。

先看前半句“在职场中有一个非常重要的原则”。在读这半句话的时候，你需要先照稿读出“在职场中有一个”，同时用眼睛快速扫描剩余的文字；然后抬起头来，看着听众说出“非常重要的原则”。

后半句“让领导时刻感觉到事情处于他的掌控之中”也是同样道理。在读出“让领导时刻感觉到”的同时，快速扫描后面的文字；再抬起头看着听众，从容说出“事情处于他的掌控之中”。

> 在“说读同步”的时候，你需要做到“一心二用”。

在“说读同步”的时候，你需要做到“一心二用”，即一边读稿一边扫描后半段文字。这样在你凭借短期记忆说出后半段内容的时候，就可以保持与听众的目光交流——你不用担心说错话，同时听众也感受到了你的关注。。

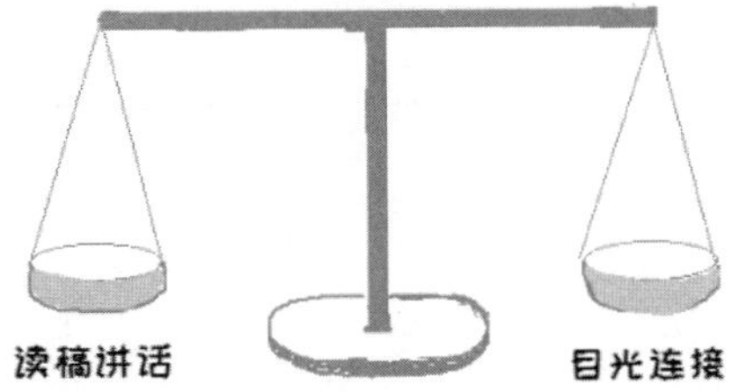

在适应短句的基础上，接下来就可以尝试更长的句子了。

我们还是以“在职场中有一个非常重要的原则：让领导时刻感觉到事情处于他的掌控之中”这句话为例。

在照稿读出“在职场中有一个非常重要的原则”的同时，快速扫描冒号后面的文字，然后脱稿说出“让领导时刻感觉到事情处于他的掌控之中”。

经过一段时间的适应你会发现，说一个长句也不是难事了。

讲 PPT 也是同样的道理。

虽说“PPT 是用来说的，不是用来念的”，但是有时候真的来不及熟悉内容。

借助“说读同步”，你可以做到一边看着电脑屏幕“念 PPT”，一边与听众目光交流。虽然还是在“念”，但你有了大量时间与听众进行互动。你可以根据现场听众的反应，对自己讲话的内容和节奏进行调整。和全程低着头读电脑上 PPT 中的内容相比，你就显得从容和优雅多了。

要想让“说读同步”发挥最好的效果，你需要做好两方面的准备工作。

首先，要熟悉发言稿，至少要通读几遍。这样才能对主要内容、关键语句、上下文的衔接及过渡做到心中有数。

其次，平时需要找一些自己不熟悉的文章进行“说读同步”的练习，有意识地训练自己“一心二用”的能力。

你有没有发现，那些“大人物”在讲话时基本上都是一边念稿，一边与台下听众进行目光交流的。如果你想让自己的公众表达像“大人物”讲话那样既稳重从容又亲切自然，就赶紧学习“说读同步”的技巧吧！

道生老师敲黑板

- 读稿讲话的优点：______________________________；
  缺点：______________________________。
- “说读同步”的要领：______________________________。
- “说读同步”的好处在于：______________________________。

道生老师留作业

- 朗读下面几句话，先尝试短句的“说读同步”，再尝试完整句子的“说读同步”。

  （1）聚焦一个核心思想把它讲清、讲透，表达才会像激光一样具有穿透力。

  （2）搭建人与人顺畅沟通的桥梁，还是垒砌人与人隔阂的高墙，取决于我们自己。

  （3）领导如果善于提出开放性问题，就可以从下属那里了解到更多的情况，激励下属展开积极的思考和行动。

9.3 接住我的传球

——面向公众讲话时眼神控场的秘诀

在面向公众讲话的时候，眼睛该看哪里呢？

有人建议用目光“虚视”全场，有人建议看听众头顶的上方，还有人建议环场扫视……这些方法都很好，可以有效减少面对陌生人讲话时的紧张感。但是这些方法也有一个共同的弊端：不论看向前方的虚空，还是快速扫过听众的面孔，对方都会感觉你的目光是漂移和空洞的，因此感受不到切实的关注。没有了关注就会缺少连接，没有连接也就谈不上信任了。

公众表达是讲话者和听众双向互动的过程。听众的表情和肢体语言，也会向讲话者传递“我喜欢听还是不喜欢听”的反馈信息。职场表达高手会根据听众的反应，随时调整自己讲话的内容和方式。

不论通过连接建立信任，还是通过观察获得反馈，方法只有一个——看听众的眼睛。

不论通过连接建立信任，还是通过观察获得反馈，方法只有一个——看听众的眼睛。

面向公众表达时，你面前会坐着很多人，到底该看谁的眼睛呢？

9.3.1 抛球法

在讲话的时候，你可以想象自己在和听众玩抛球游戏——把眼神像球一样“抛”给面前的听众。

在“抛球”的时候，你需要注意几个要点。

1. 你一次只能把球抛给一个人

在讲话的时候，你一次只能与一个人进行目光交流。你的眼睛需要清晰、明确地看着某个人，让对方意识到当下在你的眼中只有他自己。

2. 你需要掌握好力道和角度

你不能把球直接砸过去，那样对方是接不住的，你要让对方接得舒服。在进行目光交流时，你的眼神要善意、温暖，就好像你们是好久未见的老友在聊天。

3. 你必须确保对方接住球

你的目光不能短暂地在对方脸上一扫而过，而是要与对方至少保持几秒钟的连接，最好是完整的一句话的时间，就好像这句话是专门对他说的。

4. 你需要把球抛给每个人

打球时你不能只给一位队友传球。同样的，你的目光也要照顾到现场的每个人，尽量给予他们同样的关注，做到平等对待。

9.3.2 象限法

“抛球法”适合听众为十个人以内的场合。如果听众有几十人甚至上百人，你还想与每个人进行目光交流就不太现实了。

这时你需要使用另外一种方法——“象限法”。

你需要在头脑中将眼前的听众席划分为无形的四个象限。

在讲话的时候，先让你的目光落到一个象限中。如果你能看清听众的面孔，就在这个象限中找到一个人，用“抛球法”看着他讲话。如果看不清，就在头脑中想象出一个面孔。

这样做的奇妙之处在于：当你看向某个象限的时候，虽然你只是与一个人进行目光交流，但那个象限里的每位听众都会感受到你的关注。

接下来，你再把目光移动到另一个象限中，重复刚才的动作。

在整个讲话过程中，你让自己的目光在四个象限中沿“∞”轨迹徐徐移动，就能够把全场的听众都照顾到了。

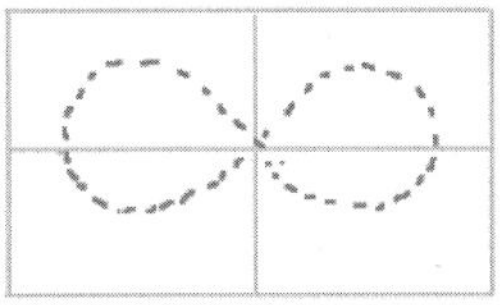

有人说：“我在讲话时不敢看听众，其中有些人会让我感到不舒服。”

的确是这样的，你不能指望所有人都一脸崇拜地看着你。有些人看起来明显“不在线”——或者面无表情，或者闭目养神……

你可能会想：“是不是我讲得不好？或者大家对我的话题根本不感兴趣？”

你可能想多了。听众闭着眼睛或者面无表情，可能是正沉浸在思考中……当你了解到事情的真相并不像你想象的那样时，你还会有那么多顾虑吗？

退一步讲，只要是人多的场合，总会有人借机偷懒或者干点私活儿，也会有些听众真的不喜欢听你讲的内容。你的应对方法很简单，不去过多关注他们就好了。

你要多看那些态度友好的听众。他们会回应你提出的问题，对你的观点给予应和、赞许，就算你有失误，他们照样会点头、鼓掌。你需要把注意力集中在这些友善的听众身上，多和他们玩“抛球游戏”。这样，你会从他们那里获得更多的正向反馈，讲起话来也就会更加放松。

> 你需要把注意力集中在友善的听众身上，多和他们玩“抛球游戏”。

有人说，面向公众讲话要像与一群老友久别重逢。你从家乡给每个人带来了精心准备的礼物，你真诚地看着对方的眼睛，把礼物恭敬地交到对方手上。

礼物可能很简单，但是对方能够从你的注视中感受到你对他的尊重和关怀。这才是打动人心、建立信任的关键！

道生老师敲黑板

- 讲话时为什么要看听众的眼睛？______________________________。
- “抛球法”的要领：______________________________。
- “象限法”的要领：______________________________。

道生老师留作业

- 在开会时悄悄观察每位发言者的目光交流方式，体会每种方式带来的心理感受有何不同。
- 在部门中讲话的时候，试着使用“抛球法”与在场的每位同事进行目光交流。会后与同事们交流一下他们的感受。
- 闭上眼睛，想象在你面前坐着公司的高管团队，而你正在向他们进行一次工作汇报。在你讲话的时候，使用“抛球法”与想象中的每个人进行目光交流。
- 闭上眼睛，想象你在公司年会上获得了“最佳员工金奖”。你现在要对着台下的上千名同事发表演讲。在你讲话的时候，使用“象限法”与想象中的台下听众进行目光交流。

9.4 引爆气场的七字真言

——如何发出有影响力的声音

很多人羡慕专业主持人抑扬顿挫、激情饱满的讲话声音。

要知道，专业主持人都经历了长期的发声训练。术业有专攻，这一点职场人确实比不了。不过，有些讲话技巧是可以借鉴的。

掌握了“重音、停顿、慢下来”的七字真言，你也可以一开口就引爆全场。

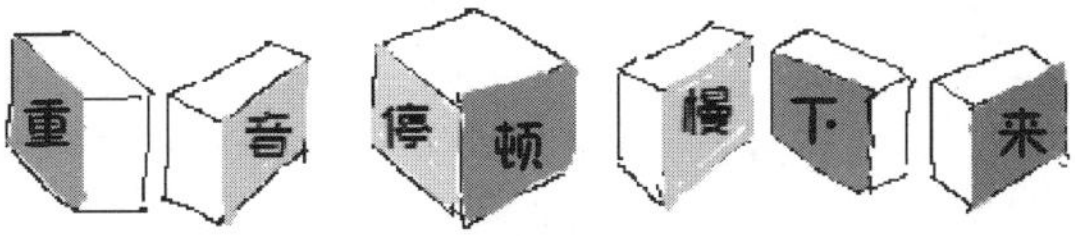

9.4.1 重音

你有没有想过，为什么消防车、救护车的警笛声都是忽高忽低的？

这是因为，如果声音保持一个频率，人们的听觉就会由于适应而麻木。变化的音调能够带来强烈的听觉刺激，让人保持关注和警觉。

说话也是这样的。如果自始至终保持一个音调，听众很快就会昏昏欲睡。要想让听众保持头脑活跃、注意力集中的状态，我们讲话就要有“变频”——音调要有抑扬顿挫、高低变化。

> 要做到抑扬顿挫，你需要在每句话中找到一两个关键词，给这些关键词加上重音。

要做到音调抑扬顿挫很简单。你需要在每句话中找到一两个关键词，给这些关键词加上重音，讲话的语气就不会平淡了。

举个例子。请你按照三个重音的标识，分别朗读这三句话。

- 最有效的方法就是刻意练习。
- 最有效的方法就是刻意练习。
- 最有效的方法就是刻意练习。

你有没有发现，当重音的位置不同时，强调的意义也会明显不同。

- 当重音在“最”上时，强调的是比较。
- 当重音在“就是”上时，强调的是唯一性。
- 当重音在“刻意”上时，强调的是方法。

有了重音，讲话就不再平淡如水了。你可以通过有意识地设置重音位置，让表达具有抑扬顿挫的变化。

9.4.2 停顿

讲话时的停顿分为两类：一类是自然换气形成的停顿，另一类是人为制造的停顿。在讲话时要想引起听众注意，你需要正确运用人为停顿。

1．开始讲话之前

在你刚开始讲话的时候，听众可能还在聊天、看手机、闭目养神，注意力处于分散状态。职场表达高手会在开口前保持片刻静默，确认大家的注意力聚焦到自己身上以后才开始说话。

2．结束一个话题之后

在话题切换的时候，你可以短暂地停顿一两秒，向听众发出一个无声的信号。就像戏剧表演时，一段剧情结束后幕布合上又拉开，这个停顿也向听众预示了另一个话题即将开始。

3．讲要点之前

除了前面说的重音，你还可以使用停顿来强调要点。

例如，说完“引爆全场的七字真言是……”停顿一下再说“重音、停顿、慢下来”。在本来行云流水的讲话中突然出现了停顿，听众就会感知将有不同寻常的事情发生，注意力就会一下子集中起来。你强调重点的目的就达到了。

9.4.3 慢下来

你观察过咖啡师是如何手冲咖啡的吗？

他们会沿着滤杯的边缘，用缓慢、均匀的速度把热水一圈一圈地淋下。之所以用很慢的速度，是因为滤杯底下的开口很小，无法让大量的水在短时间内通过。如果倒得太急，水就会从上面溢出来。

同样，听众也需要花时间来消化、吸收你给出的信息。如果你语速太快，听众的大脑也会处理不过来，造成“溢出”。

另外，一个人如果说话很急、很快，有时候会被视为不够成熟。讲话语速慢一些，别人会觉得你的讲话是经过深思熟虑的，你也会显得更有权威感和力量感。你看那些身居高位的领导人，哪个讲话不是慢条斯理、从容不迫的呢？

> 你要有意识地创造节奏快慢的变化，在该慢的时候慢下来。

当然，慢下来并不是说一直用缓慢的语速讲话。你要有意识地创造节奏快慢的变化，在该慢的时候慢下来。

例如，你用正常语速讲述一般内容，到了需要强调要点的时候，你将语速突然放慢，甚至一字一顿。听众就会意识到你在讲要点了，他们的注意力就会一下子集中起来。

“重音、停顿、慢下来”的技巧一点儿也不复杂。成功的关键在于反复练习、认真揣摩、勤加应用、及时反馈。

道生老师敲黑板

- 让讲话更有影响力的七字真______。
- 人为停顿通常应用在讲话的哪______。
- 为什么在公众表达时讲话速度不能______。
- 文中提到了几种强调要点的方法？______。

道生老师留作业

- 朗读下面几句话，强调不同的重音位置，感受由　来的意义差别。用手机录下来，并进行回放，检验自己是否正确地强调　音。
  （1）**成人**的最佳学习方式是在情景中学习。
  （2）成人的**最佳**学习方式是在情景中学习。
  （3）成人的最佳**学习**方式是在情景中学习。
  （4）成人的最佳学习方式是在**情景**中学习。
- 朗读下面这段话，注意使用停顿来强调要点。用手机　下来，并进行回放，听听是否达到了强调的效果。

  “管理者不应该仅仅是答案的给予者，而要更多地扮演问题提出者的角色。领导需要通过提问给下属带来启发，让他们增强信心、充满力量，达成目标，成为自己的英雄！”
- 试着用三种语速朗读下面这段话：第一遍用平时习惯的语速，第二遍用加快两倍的语速，第三遍用放慢两倍的语速。用手机录下来，并进行回放，听听在语气表达上有什么不同。

“对我们影响最大的，是那些肯定并发掘我们的潜能的人，是那些让我们看到自身蕴含着美好品质的人，是那些在困难时期不离不弃帮助我们的人，是那些在我们误入歧途时勇敢反对的人。对于这些人，我们愿意听取他们的建议，并跟随他们。”

9.5 你的气场超乎想象

——如何展现自信的肢体语言

有人说，人在1秒钟之内就可以判断对方是否可信。也有人说，只要10秒钟，听众就可以判断是否对一个讲话者感兴趣。

10秒钟，可能刚刚够说一两句话。那到底是什么征服了听众呢？

对，就是身体语言！

在人际沟通领域中有一个著名的“55-38-7法则”：在你给对方带来的感受中，只有7%的感受来自你的讲话内容，38%的感受来自讲话的语音、语调，而多达55%的感受来自你的表情和肢体语言。

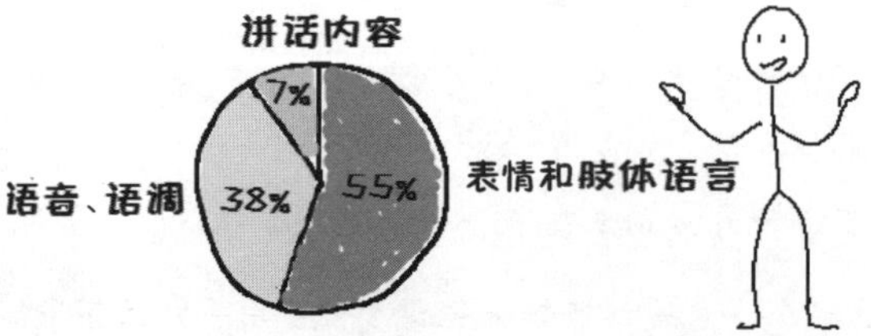

要想在面向公众表达时展现出强大的气场，你需要充分利用自信、亲和的身体语言。具体讲就是把握好3点：身姿、站位、手势。

9.5.1 身姿

要想呈现自信、坚定而亲和的身体姿态，你需要掌握5个要点，简称**“托福（TOEFL）法则”**。

1．挺直站立（To be straight）

在站立时，头要正、腰要挺直，双肩要充分打开。男士双脚平行站立，距离略窄于肩宽，这样显得更有男子汉气概。女士则双脚足跟并拢，前后稍稍错开一点儿，脚尖大致呈表针的“11 时 5 分”角度分开，这样的站姿会显得更端庄。

2．姿态开放（Open posture）

在面向公众表达时身体最好不要隐藏在讲桌后面。讲桌不仅遮挡了你一半的身体，也好像在你与听众之间画了一条界线。如果有可能的话，你应从讲桌后面走出来，将全身展示在听众面前。

在做手势的时候，肩要松，腋要虚，手的动作要尽可能超出身体两侧轮廓线的范围，姿态就会显得大气和开放。

不做手势的时候，双臂可以自然下垂或者以“宝塔形”手势置于腹部。手臂交叉环抱在胸前、把手插在口袋里和背在身后，都是不礼貌的动作。

3．目光连接（Eye contact）

在本书 9.3 节中我们提到，应让听众从你的目光中感受到真诚和关怀。在讲话中，你需要和听众玩“抛球游戏”，与听众保持目光连接，给予每个人足够的关注。

4．面向听众（Face to face）

在讲 PPT 的时候，有人习惯侧过身子甚至背向听众，这会让听众有被忽视的感觉。你在讲话的时候，身体应该尽可能保持正面朝向听众，这样才能显示出你的真诚和尊重。

5．身体前倾（Lean）

如果想在讲话时表现得更有亲和力、更热情，你可以上半身稍稍朝听众前倾，这在视觉上会拉近你与听众的距离。

9.5.2　走位

在面向公众表达的时候，你是应该站立不动还是四处走动呢？

站立不动显得庄严、稳健。那些美声歌唱家、诗歌朗诵者通常会站在舞台上固定的位置。但是在职场表达的场合中，特别是在面对领导或其他同事的情况下，如果讲话从头到尾站在同一个地方，别人就会觉得你僵硬拘谨了。职场表达还是轻松自然一些为好。

说到轻松自然，有的人会在讲话时不停地走动。这样走动的确显得放松，但是又会带来新的问题：人的注意力很容易被移动的物体吸引；如果你漫无目的地不停走动，听众的目光就会一直跟随你移动，就容易分散听众的注意力。

在面向公众表达时既不要不动，也不要多动。你只需要记住六个字：**讲话定，转换行**。

> 公众表达时需要记住六个字：讲话定，转换行。

“讲话定”是指在陈述重要观点或者讲述一段完整的逻辑段落的时候，最好站在原地不动，以便听众集中注意力聆听。

当一段话结束，需要过渡、转折、递进时，讲话者要有意识地移动身体所处的位置，这个动作叫作“转换行”。

职场表达高手会利用位置变化，在视觉上向听众发出信号。例如，在说完“刚才我们分析了方案的优点”之后，平移几步，看向另一侧听众说道：“现在来看一下缺点。”或者，在说完“我们已经对行动的必要性进行了分析”之后，面向听众上前一步：“下面请各位发表自己的意见！”

9.5.3　手势

手是最灵活、最富有表现力的身体部位之一。在讲话时，手势对于加强语气起到至关重要的作用。

在演讲领域中，对于不同的手势所代表的意义有细致的界定。职场表达的手势不需要多么复杂，你只要掌握几种最基本的手势就够了。

1．区分手势

双手手掌张开，手指并拢，手掌相对呈“V”字做短促的向下切分动作，表示对范围、界限的强调。例如，“在这段时间里……”“在这个方面……”。

2．呈现手势

单手或双手从下腹部快速上提，划到胸前时掌心自内向外翻出，表示对意图、情感的强调。例如，“通过‘跟’，你表达了认可和尊重”“你需要向对方展现你的关注和真诚”。

3. 强调手势

单手做出拇指、食指、中指撮合的手形，或者拇指、食指捏合类似OK的手形，表示对观点、细节的强调。例如，“注意力在哪里，能量就在哪里”“你使用的语言，决定了你的人生”。

除了手势，手臂的动作幅度对气场表现也有很大影响。

如果在一个很大的会场里，面对几十甚至上百位听众，你的动作幅度就要大一些、戏剧化一些。如果是小臂以下的动作，远一点的听众就看不清了。你需要由肩膀带动整条手臂做出动作，让你的气势足以打动所有的听众。

如果在会议室里对着几个人讲话，你还是挥舞整条手臂，就显得有些夸张了。这时候你的动作幅度就要小一些，通常小臂到手指的动作就足够了。

要想建立自信、亲和的公众表达形象，就要使用适当的肢体语言。只要做到姿态挺拔、走位从容、手势有力，你的气场必将超乎想象！

道生老师敲黑板

- 职场公众表达时身体姿态的要点：__________、__________、__________、__________、__________。
- 职场公众表达时身体移动的原则：__________、__________。
- 职场表达的基本手势：__________、__________、__________。

道生老师留作业

- 在开会时，注意观察同事讲话时的身姿、站位、手势，看看有哪些可以改善的地方。
- 在公司或部门内进行公众表达时，事先邀请一位同事替你用手机全程摄像。事后观察自己讲话时的身姿、站位、手势，看看满意的部分有哪些，哪里可以做得更好。

第十章

团队协作讲求策略

* 在职场沟通中如何处理争议
* 真诚的赞美需要用心表达
* 如何提意见，别人才肯听
* 如何应对上下级的情绪化

具体描述

正向结果

欣赏赞美

10.1 太极推手的启示

——在职场沟通中如何处理争议

职场上自然少不了不同意见的交锋。

很多人将辩论理解为非此即彼、你死我活的博弈，于是誓死捍卫自己的观点，反驳、对抗不同的意见。辩论双方像搏击手一样，你给我一拳，我必还你一脚。

结果，本来是业务层面的讨论，却演变成人格层面的彼此攻击，问题没解决，反倒互生嫌隙。

怎样才能妥善处理意见与分歧，回归到职场沟通的本质呢？我们需要向太极推手学习。

在面对攻击的时候，太极推手不是“以眼还眼、以牙还牙”，而是讲究因势利导。太极推手的智慧在于，不是用力量对抗力量，而是以静待动、以柔克刚。

处理职场争议时也应如此。

如果一方善于借力跟随，反而更容易化解对峙的气氛，使沟通回到原点。

如果双方各持己见、互不相让，就会形成僵持的局面，谁也动弹不得。这时，如果一方善于借力跟随，反而更容易化解对峙的气氛，使双方回到沟通的原点。

这种应对职场争议的智慧叫作“**先跟后带**”。

所谓“跟”，就是在表达自己的观点之前，先肯定对方值得认同和欣赏的地方。“跟”可以有很多种方式。

1．肯定对方的观点

只要留意倾听，对方的观点中总会有一两个是你认同的。在表达自己的想法之前，你需要先肯定自己认同的观点。例如，“你有一个观点我特别赞同……”或者“关于……，我想你说的可能是对的”。

2．肯定对方的动机

所谓动机，就是一个人说话、做事背后的出发点。你可以肯定对方动机的积极性。例如，“从你的批评中，我感受到你对我们提高工作质量抱有极大的期望，这让我很感激”。听你这样讲话，对方的态度可能一下子就缓和下来了。

3．肯定对方的态度

即使不赞同对方的观点，但是对方肯与你坦诚交流，对方的这种态度也是值得嘉许的。你可以说：“我非常欣赏你的坦诚和直率，我很愿意和你进一步交流。”

4．肯定对方的视角

就算对方在上述各方面都没有值得称许的地方，你仍然可以表达肯定：“你提供了一个很有趣的视角，这对我很有启发。”

“跟”并不代表你同意对方所说的内容，你只是表达了赞赏和尊重。“跟”相当于太极推手中借力的动作，把对方攻击的力道卸掉。对方失去了发力点，也就没有了继续冲突的动力。

> “跟”相当于太极推手中借力的动作，把对方攻击的力道卸掉。

“跟”完就该“带”了。所谓“带”，就是表达你的观点。不过“带”也是有技巧的。

如果我这样说：“我欣赏你坦诚的态度。但是，我想说说我的看法。”你会有怎样的感受呢？

不论前面说了什么，“但是”二字会让对方意识到：前面的“跟”只是虚晃一枪，“但是”后面的这句话才是你真正要表达的意思。你前面精心营造的和谐氛围就有可能被“但是”二字破坏掉！

有什么方法可以既“带”出自己的观点，又不具有破坏力呢？有一个神奇的词可以达到这样的效果，那就是“同时”。

我们把“但是”换成“同时”，再感受一下语气是不是缓和了很多。

- 我赞同你的看法，同时也想分享一下我的观点……
- 我尊重你的立场，同时也请你听听我的想法……
- 我欣赏你的态度，同时也请你理解我的立场……

说“同时”的时候，我们并没有否定对方的观点，也不是表明谁是谁非。我们只是提出了一种新的可能性，将其放在与对方观点平等的位置供双方探讨，这样对方就更容易与我们合作了。

> 说“同时”的时候，我们只是提出了一种新的可能性，将其放在与对方观点平等的位置供双方探讨。

不过要注意的是，在没有连接好之前不要着急“带”。

如果你想拉一个人前行，两人应十指扣紧，否则你一用力，对方就会脱手了。

同样，在表达认可的时候也不能笼统地一带而过。你需要具体指出认可的是什么，这样才能显示出你的诚意，以此加强双方连接的力量。

例如，在说了“我赞同你的观点”之后，你需要重复一下对方的观点：“职能部门应该以服务和保障前端业务发展为重。”

再如，说了“我欣赏你坦诚的态度”之后，你需要具体指出：“你的反馈意见非常中肯，给我的工作照了镜子，让我看到以前忽略的一面。”

每个人都有被倾听、被认可、被尊重的需要。当你以这样的方式“跟”，对方心里就会很舒服：嗯，你眼里还是有我的！

这时，你再不失时机地接上：“同时我觉得……”这样就会很顺畅自然地提出自己的观点了。

太极推手不仅仅是技击套路，在它背后蕴含着圆融通达的生命智慧。化解职场争议的“先跟后带”也是这样——“心法”远远比“技法”更重要。

你真的接纳对方的独特性吗？

你真的尊重对方的价值，并由衷地欣赏他吗？

你真的在寻找共同点，并愿意为此做出妥协吗？

你的态度是否真诚，对方是可以感受到的。这种真实的感受，才是彼此牵手合作的基础。

> 太极推手的背后，蕴含着圆融通达的生命智慧，“先跟后带”也是这样。“心法”远远比“技法”更重要。

道生老师敲黑板

- “跟”的四种方式：__________、__________、__________、__________。
- 为什么“但是”二字对于“带”可能具有破坏力？____________________。
- 为什么在没有连接好之前不要着急“带”？____________________。

道生老师留作业

- 有哪些词语可能具有与“但是”类似的破坏力？
- 除了“同时”，还有哪些词语可以让“带”更加顺畅自然？
- 假设你和同事就是否招聘一名产品开发人员产生了争执。

  你认为此人能力非常突出，但在前两家公司工作时间都不长，忠诚性较差。同事说道：“你说的不对！他是业内少有的专家，能给我们带来前所未有的开发能力。他以前不稳定必有原因，以前不稳定不等于将来不稳定！”

  请你使用“先跟后带”技巧，分别用四种方法“跟”，再通过“带”来阐述你的观点。
- 请找到一位伙伴。你们扮演观点对立的双方，就职场上的任意话题进行讨论，在此过程中注意使用“先跟后带”技巧。

10.2 好礼物也要好包装

——真诚的赞美需要用心表达

知乎上有这样一个问题：“什么技能学习时间短，而且不用花钱，却可以给生命状态带来巨大改变？”

答案是“赞美他人”。

谁不希望被人赞美呢？谁不希望通过赞美来加强彼此的关系呢？

可是，当我们赞美别人时，有些话说出口却不那么让人舒服。

- 不走心的赞美："不错""挺好的""继续努力"。
- 空洞的赞美："你真棒""你们是卓越的团队""我为你自豪"。
- 夸张的赞美："你是我见过的最敬业的员工""这是最完美的文案"。

没有正确表达的赞美就像一束价值不菲的娇艳玫瑰，你用一张破报纸草草一裹就送给别人。对方即便收下也会不以为然，完全感受不到礼物的价值和你的良苦用心。

好礼物也要有好包装，这样才能让对方感知它的价值。赞美需要用正确的形式来表达。

好礼物也要有好包装，这样才能让对方感知它的价值。赞美需要用正确的形式来表达。

在这里跟大家分享一个表达真诚赞美的**"PPP 模型"**。

- 具体描述（Particular）。
- 正向结果（Positive Impact）。
- 欣赏赞美（Praise）。

举一个例子。

假如你在客户服务部门工作。一天，一位客户打来电话投诉产品质量问题。由于客服人员应对不当，这位客户非常愤怒，要求直接向总经理升级投诉，并索要十倍的赔偿。

这时，资深员工小吴自告奋勇地把电话接了过去。在小吴的耐心劝解下，客户的怒火得到平息，最终同意进行换货处理。

如果你想向小吴表达欣赏和赞美，你会怎么说？

如果你仅仅说："你太厉害了！"小吴会有感觉吗？

这样的赞美就像夸人“你真漂亮！”一样，换来的只会是对方的“呵呵”。

要想让对方感受到你的真诚，你就要使用“PPP 模型”。

1．具体描述

“你能仅仅用十几分钟的时间就平息客户的怒气，你的沟通能力太让我钦佩了！”

只有描述具体事实，才能表明你真正看到了对方的付出和成就，这样你的赞美才不是空洞的。

2．正向结果

“如果不是你挺身而出、妥善处理，咱们整个部门就要被点名批评了！你‘拯救’了大家！”

你需要肯定对方的行为所带来的正向结果，让对方感受到自己所做的事情是有价值的，对他人来说是意义重大的。

3．欣赏赞美

“你主动承担、积极负责的品质真是值得我们大家学习！”

你需要上升到人格层面，指出对方之所以能有这样的行为，是因为具有某种优秀的思想品质。有了这样的“定性”，对方就有了继续努力的动力。

赞美需要上升到人格层面，指出对方具有怎样的思想品质，给对方做“正向定性”。

除恰当的语言外，赞美的时机和方式也同样重要。真诚赞美要遵守三个原则。

原则一：赞美要及时

所有赞美的“保质期”都很短，因此需要立即兑现：同事取得了成绩，立刻送上赞美；下属表现优异，立刻送上赞美……

有的领导平时不夸奖下属，而是把全年的赞美都积攒到年会上一次性“兑现”。这样做效果并不好——时过境迁，下属早已没有了那份心气儿。“过期”的赞美就像枯萎的玫瑰花，已经失去了生命和价值。

赞美不一定需要大张旗鼓。在会议上、在办公室里、在邮件中、在微信中，哪怕只是几句话的称赞，都可以达到意想不到的效果。

原则二：赞美要单纯

如果你对小吴说：“你刚才的应对太棒了，有理有据，进退得当。我非常佩服！不过呢，我觉得你有两个地方说得不太好……”

你觉得小吴会有怎样的感受？

你送别人一束价值不菲的玫瑰花，其中如果夹杂着一些枯枝败叶就令人扫兴了。

如果要赞美别人，就只是单纯地赞美。如果要指出缺点、提出意见，最好另找时间。不要让赞美因为其他因素的干扰而失色。

原则三：赞美要个性

在你送人鲜花的时候，如果能事先了解对方的喜好，特意选择对方喜爱的品种，就会带来意外的惊喜。对方会由衷赞叹你的用心。

同样，每个人都期待得到个性化的赞美。

- 对于新员工来说，领导在同事们面前的几句表扬会让他很有面子。
- 老员工可能更看重年会庆典上领导一番真情洋溢的感谢话语。
- 家庭观念强的员工可能期待与父母、伴侣分享荣耀。
- 对于羞涩低调的员工来说，给他发送一封情真意切的邮件表达赞美，效果可能会更好……

作为领导，你需要动动心思，给赞美找到下属最期待的“好包装”。

作为领导，你需要动动心思，给赞美找到下属最期待的“好包装”。

如果从内容到形式都是“私人订制”的话，那就太可贵了——那将是一次个人化的、绝无仅有的美妙体验！

道生老师敲黑板

- 为什么说“好礼物也要有好包装”？______________________。
- 真诚赞美的“PPP 模型”包括______________、______________、______________。
- 真诚赞美的三个原则：______________、______________、______________。

道生老师留作业

- 关于“不走心的赞美”“空洞的赞美”“夸张的赞美”，你还能想到哪些例子？
- 请你用第二人称“你”来赞美一个人：如果你有孩子，请赞美你的孩子；如果还没有孩子，请赞美你的爱人或恋人；如果暂时都还没有，那就赞美一年以后的你自己。
- 找到 3~4 位你最欣赏的同事，为他们每个人构思个性化的赞美。找一个合适的机会，向他们表达你的赞美。在讲话的时候，你要真正感受到对这个人的欣赏和尊重，并让感情通过你的声音表达出来。

10.3 良药不苦口

——如何提意见，别人才肯听

职场上人们常说：“欢迎提出宝贵意见!”

可是，如果你真给别人提意见，就会发现事情没那么简单。在职场中提意见是一件很敏感的事。如果不讲究方式、方法，还可能好心做错事。

分享一个我自己的故事。

我初入职场便在一家集团公司中工作。工作了一年多，个人能力提升比较快，于是我就有些得意扬扬，喜欢给人挑毛病。

一次，我参加另一个部门召集的业务沟通会，主讲人是一位女经理。在我看来，她讲得很不好——问题谈得不透彻，逻辑也混乱。

会后，我立刻给这位女经理写了一封电子邮件，给她挑了七八条毛病。按照职场上的惯例，我随手把邮件抄送了她的领导。

不一会儿，那位女经理哭得梨花带雨地来找我，一见面就控诉：“你干的这叫什么事啊!”

原来，她的领导收到邮件后，马上把她叫去批评了一通：“你看人家一个外人，看问题比你这个老员工都深刻。你这个经理是怎么当的？”

女经理抱怨我：“我承认你写的都有道理。可是有什么意见你跟我直说啊，干吗要抄送给我的领导呢？”

所谓“良药苦口”，很少有人真的喜欢别人给自己提意见。即便你的初心是好的、意见是对的，如果方式、方法不得当，对方也不会轻易接受。

给别人提意见要讲究策略。你需要做到“缓一缓、夸一夸、一对一”。

因此，给别人提意见要讲究策略，你需要做到“缓一缓、夸一夸、一对一”，简称“**三一法则**”。

1．缓一缓

当发现别人有缺点或问题时，我们的第一反应是立即指出来。

给别人提意见总是很爽的，因为这样会显得自己高明：我比你智慧，我比你成熟，我比你能力强……

“冲动是魔鬼”，话到嘴边的时候，不妨先思考一下。

- 自己的动机是什么？是想帮助对方还是彰显自我？
- 对方真的需要你的建议吗？自己有没有“越界”？
- 自己的见地是正确合理的吗？是否只是一家之言？

真正的职场表达高手有些时候会选择“看透不说透”。

我从前的一位领导曾经说过：“当你有指出别人的缺点和问题的冲动时，先别急着说出来。不妨把这件事先放一放，第二天再看是否还有提意见的冲动，是否还有说出来的必要。”

“自我冷却”一下，就可能抑制住急于开口的冲动，你会开始寻找更好的沟通时机和沟通方式。

> “自我冷却”一下，你就会开始寻找更好的沟通时机和沟通方式。

2．夸一夸

对方的说法或做法必有其道理。每个人都会捍卫自己的立场，没有人会随随便便承认自己错了。如果你直接指出对方在想法或做法上的错误，就很容易遭到否认和反击，因此最好采取“迂回前进”的策略。

你可以借助在本书 10.1 节中提到的“先跟后带”方法，先尝试从观点、态度、动机、视角等任何一个维度来表达认可和欣赏。当对方感到你尊重他的时候，他才有可能保持开放的心态。

然后，你再委婉地指出：“你想听听我的建议吗？这个部分这么做可能会更好……我的意见供你参考。”

你并没有否定对方，而是提出了可供选择的方案。当对方觉得你不是在挑毛病，而是在平等交流时，就比较容易接受你的意见了。

> 当对方觉得你不是在挑毛病，而是在平等交流时，就比较容易接受你的意见了。

3．一对一

没有人愿意将自己的缺点暴露给别人。像我那样连带告知对方领导，就是犯了职场大忌——这等于直接告诉她的领导：“你的下属是不称职的！”这不是砸人家的饭碗吗？

提意见是一件私密、敏感的事情，最好采用一对一沟通的形式——天知地知你知我知，知道的人越少越好。

领导给下属提意见最好也是一对一的。你照顾了下属的脸面，对方才会乐于接受。如果当众指出问题，下属就可能因为“丢面子”而辩解甚至对抗。当然，如果你想借机“杀一儆百”，那就另当别论了。

给领导提意见要私下进行，更是一条职场铁律。

不论领导的问题多明显，也不论你与领导的关系多亲近，都不能当着同事的面指出领导的不足。你让所有人都看到领导不如你高明，这不是明摆着让领导难堪吗？

私下给领导提意见，相当于和领导进行一次单独沟通。你有机会深入了解领导的内心世界，领导也能够认识到你的见地和水平。

在给领导提意见的时候，最好用征询的口吻：“关于这件事，我的理解是这样的……您看我理解得合适吗？”

你要以商量的口吻向领导做出暗示，而不是直接告诉领导该怎么做。这样你就照顾到了领导的面子，领导才会愉快地接纳你的意见。

另外，在提意见的时候，当面沟通要好于书面沟通。

当面提意见的时候，你可以进行充分铺垫，也可以根据对方的反应随时调整自己的措辞，一旦出现矛盾可以当场解决。

> 在提意见的时候，当面沟通要好于书面沟通。

书面形式则是白纸黑字、言之凿凿，调整余地比口头沟通要小得多。一旦措辞失当，就容易产生不必要的误解。

意见能否被对方接受，不仅在于是否在理，还在于提出的方式是否舒适得体、沟通的态度是否温和有礼。良药不苦口、忠言不逆耳，方能令对方愉快接受、欣然改之！

道生老师敲黑板

- 为什么说“冲动是魔鬼”？＿＿＿＿＿＿＿＿＿＿＿＿＿＿＿＿＿＿＿＿。
- 提意见的“三一法则”：＿＿＿＿＿＿＿、＿＿＿＿＿＿＿＿、＿＿＿＿＿＿＿＿。
- 给领导提意见时需要注意的要点：＿＿＿＿＿＿＿＿＿＿＿＿＿＿＿＿＿。

道生老师留作业

- 领导和同事在会上针锋相对、互不相让，以至吵了起来。你和两个人的关系都不错。现在你决定给他们提提意见，你会怎样对他们说呢？
- 你有过给别人提意见，或者别人给你提意见的经历吗？沟通效果如何？

10.4 小不忍则乱大谋

——如何应对上下级的情绪化

曾经有过这样一个故事。

大学里有一批新建成的实验室要分配。各个研究所的办公条件都很差，于是所长们都想多争取一些资源。

一天，校长召集所长们开会讨论实验室的分配方案。会上因为分配的合理性问题，所长们和校长激烈地争执起来。

校长最后勃然大怒，抄起烟灰缸“啪”地摔到了墙上。所长们没被吓倒，反而扬长而去。

办公室里最后只剩下校长和另一位所长两个人。

这位所长回忆道：“我提醒自己——我的目的是要到实验室。如果我也像那几位所长一样赌气离开，就会失去这次机会。小不忍则乱大谋，不达到目的我决不能走！”

过了一会儿，校长冷静下来了，问她：“你想要几间？”这位所长心想校长反正也要讨价还价，于是就狮子大开口，说道：“八间！”

出乎意料的是，校长一口答应了：“行，给你八间！”

职场上由于立场、利益、观念不同，同事之间难免会出现尖锐的意见分歧，有些人会因此有强烈的情绪反应。遇到这种情况，你通常如何处理呢？

> 小不忍则乱大谋。在职场沟通中，你需要做到不被他人的情绪干扰，坚定地追寻自己的目标。

有的人可能会毫不犹豫地予以还击——大家都是为公司做事，凭什么我要受你的气？

有的人可能会被对方的气势吓倒，狼狈而逃——我不跟你计较，惹不起还躲不起吗？

对方的情绪化表达就像布下了一个圈套。不论选择“战”还是“逃”，你都中招了——你被对方的情绪影响了，失去了目标和方向。

小不忍则乱大谋。在职场沟通中你只有做到“八风不动”，才能不被他人的情绪干扰，坚定地追寻自己的目标。

10.4.1　冷静地觉察

要想在对方的狂风骤雨中站稳脚跟，你需要具有不为所动的定力。这份定力源于自我觉察。

1. 身体层面

认真观察一下自己。有没有全身僵硬？有没有眉头紧皱、嘴角紧绷？手臂是否下意识做出防卫的姿态？如果有，就做几个深呼吸，让自己的神情和动作放松下来。

2. 情绪层面

感受自己内在升起了怎样的情绪：是愤怒、委屈、恐惧，还是悲伤？

不论是怎样的情绪，都在心中默数 10 个数：1、2、3……让情绪慢慢平复下来。

3. 思维层面

体会一下，刚才对方说的哪句话影响了你的情绪？你觉得对方错在哪里？那个你认为对方错的地方，就是你的信念所在。

思考一下你的这个信念是什么？别人也必须和你一样相信这个信念吗？如果别人与你的信念不同，他就一定是错的吗？由此你觉察到了什么？

10.4.2　温柔地坚持

要想不被别人的情绪影响，你需要做好三件事：倾听、回应、坚持。

1. 倾听

当别人发脾气的时候，你不要着急打断，要允许他把话说完。

愤怒的能量需要被释放，就像疔疮里的脓水要流尽了才能愈合。因此，你要允许对方把想说的话全部说完，让他把内在的负能量充分释放掉。

> 你要允许对方把想说的话全部说完，把内在的负能量充分释放掉。

彻底发泄之后，对方的头脑才能冷静下来，思绪才会清晰，才能重新专注于双方需要处理的事情。

让对方把话讲透彻，他还可能告诉你一些之前你不知道的信息。这也有助于你了解事实真相，以及对方真正的诉求。因此，一定要先让对方说完再给予回应。

2. 回应

对方在发泄了一段时间后，会要求你给予响应："你倒是说话呀！你自觉理亏了吧？"

对方是在撩拨你——因为愤怒的"游戏"一个人是玩不下去的，一定要找到一个对手才能继续下去。如果按捺不住开始争辩，那你就"上钩"了！

你不需要辩解，只要给出积极的回应就好。你可以使用以下回应技巧。

- 在对方讲话的间隙，用简单的语句回应："是的""我明白""有道理"。
- 重复对方刚刚讲述内容中的关键词："嗯，压力很大。"
- 对听到的内容进行一个简单的总结："所以你觉得我不讲道理。"
- 表示自己理解对方的感受："所以你很愤怒。"

3. 坚持

就像前面那位所长始终提醒自己找校长的目的是要到实验室，而不是吵架。因此，即便校长盛怒，她仍然坚持到最后，没想到校长冷静下来后沟通异常顺利。

有些人在发脾气后会为自己的失态感到羞愧，因此可能会做出补偿的行为。

有些人把发脾气当作一种谈判策略，威胁对方做出让步；如果你不为所动，他就会重新坐到谈判桌前。

还有些人是真发脾气，但发完脾气就过去了——该聊天就聊天，该做事就做事，就像什么都没发生一样。

> 遇到情绪化的同事，温柔而坚定地将主张坚持到底，就可能会柳暗花明。

风雨过后，方见彩虹。遇到情绪化的同事，温柔而坚定地将主张坚持到底，就可能会柳暗花明。如果过早地放弃，你可能就失去了机会。

小不忍则乱大谋。在职场中，你需要培养自己的“钝感力”。

所谓“钝感力”并非指反应迟钝，而是指面对压力不过分敏感脆弱，保持内在的平静和笃定，“傻傻”地坚持。这或许也是职场情商高的一种表现吧！

道生老师敲黑板

- 当别人对你发脾气时，你需要做哪三个方面的觉察？____________________、____________________、____________________。
- 要想不被别人的情绪影响，你需要做的三件事：________________________、________________________、________________________。

道生老师留作业

- 你在职场上是一个容易情绪化的人吗？如果是，情绪化给你的职业发展和人际关系带来了怎样的影响？
- 遇到领导或同事对你发脾气，你通常的应对模式是怎样的？
- 别人说什么话最容易激怒你？由此你觉察自己有怎样的信念？
- 你有过不受别人情绪化影响、坚持达成目标的经历吗？

第十一章

职业发展彰显价值

* 工作总结如何才能写得出彩
* 如何谈加薪才能心想事成
* 完美地结束一段职场关系
* 在职场竞聘中脱颖而出的关键

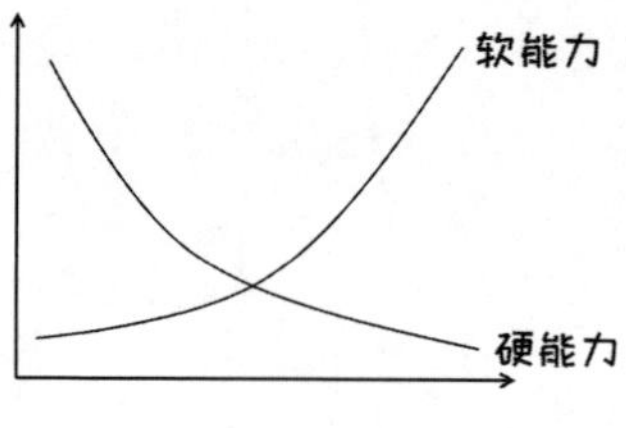

11.1　让你的工作更“值钱”

——工作总结如何才能写得出彩

职场人对于工作总结常常既爱又怕：爱的是可以借机展示自己的成绩和能力，怕的是头绪太杂、不知如何下手。

在职场中既要做得好，也要总结得好。好的工作总结能够起到放大工作业绩的作用，让你的工作变得更“值钱”。

向大家推荐一个工作总结的模板：总括（Summary）—业绩（Achievement）—内省（Introspection）—展望（Look ahead），简称“**SAIL 模型**”。

11.1.1　总括

众所周知，职场表达的一个基本原则是“结论先行”。在工作总结中，你也要在开头简要概括这一年总的成绩和收获。要是能归纳为几个关键词就更好了。例如，

“回顾 2018 年，我想用三个词概括我的收获——成就、成熟、成长。

成就——我超额 200%完成全年销售任务指标，在区域销售人员中排名第一。

成熟——我在业务知识、销售能力、表达技巧等方面都有了长足的进步。

成长——我从区域销售代表晋升为区域销售经理，开始承担更多的团队管理职责。”

11.1.2　业绩

接下来，你要对业绩进行展开描述。在回顾业绩的时候，建议你遵循“1-2-3 原理”。

1. 一个原则

业绩回顾需要遵循的一个原则：所有的工作必须有助于组织目标的实现。

公司在年初通常会明确几项重点工作。在工作总结中，你一定要将所做的工作与公司的重点工作挂钩。能挂上钩，工作才有价值和意义；挂不上钩，总结得再多、再好也没用。

> 所有的工作必须有助于组织目标的实现。

2. 两个维度

业绩回顾可以在定量和定性两个维度中进行。

所谓定量维度，就是用具体数据进行总结。你可以从以下几个方面进行比较。

- 和年初设定目标比较。例如，年初承诺达成销售额为 100 万元，实际达成销售额为 102 万元。
- 和岗位历史数据比较。例如，去年的市场占有率为 30%，今年的市场占有率为 50%。
- 和行业先进标准比较。例如，行业标杆企业的存货周转期为 40 天，我们的存货周转期为 42 天。

在进行定量分析时，要尽可能做到图形化、表格化，这样才能让人一目了然、清晰易懂。

所谓定性维度，就是用文字描述自己的工作内容。你可以从三个方面进行定性评价。

- 日常工作表现。对于日常性、流程性的工作进行主观评价，如“认真执行公司财务政策，严格遵守财务审批流程……”
- 在项目中的贡献。如果你参与了一些项目，承担了某些模块的任务，就可以总结你在项目中做了哪些工作，包括工作成果、时间进度控制、成本控制等。
- 第三方的评价。如果你的工作是服务性质的，你可以收集客户给予的正面评价，或者做一个微型“满意度调研”。有了第三方评价，你就不是“王婆卖瓜，自卖自夸”了。

3. 三项重点工作

业绩回顾最常见的误区，就是试图事无巨细、面面俱到，结果做成了流水账。

在进行业绩回顾时，同样要遵循职场表达的“避轻就重”原则，对完成的工作应按照重要性进行排序。你只需要选取三四件重点工作，浓墨重彩地进行详细描述。剩下的工作则归结到“其他”类别中，简要叙述即可。

业绩回顾要遵循“避轻就重”原则，只选取三四件重点工作进行详细描述。

11.1.3　内省

在工作总结中，领导不仅关心你做了什么，也关心你如何总结经验教训——看你是蛮干还是巧干，是“做到了”还是“做明白”；看你能否“既见树木，又见森林”，把感性认知提升到理性思考的高度。

因此，你需要在这一部分中充分展示思考问题的深度和自我要求的高度。

1．总结经验教训

你需要对工作中的成败得失进行总结。

- 在过程中哪里做得好？做了哪些工作？解决了什么问题？做得好的原因是什么？可以总结出哪些经验？
- 做得不好的地方，问题出在哪里？自己在工作意识和工作方法上需要如何提升？

2．对标能力模型

你需要找到所在岗位的能力素质模型（如果你期待晋升，就要使用目标岗位的能力素质模型），以“雷达图”的形式，针对模型中的每个维度进行分析。这样，你与最高标准的差距在哪里，提升的重点方向是什么，就会变得一目了然。

11.1.4　展望

在工作总结的最后，你需要针对下一阶段的工作计划和工作成果做出承诺。你的承诺主要集中在两个方面。

- 业务方面。你给自己设置了哪些新的业绩目标？给自己提出了哪些新的要求？
- 能力方面。你承诺在哪些方面提升自己的能力素质？采取哪些具体行动？

借由对未来工作做出承诺，你要让领导看到你的突破性和成长性。

- 突破性。你期待更高的目标，敢于突破“舒适区”，勇于伴随公司的发展迎接更大的挑战。

- 成长性。你乐于进入新的未知领域，你的学习能力能够匹配甚至超越公司业务发展的需求。

在职场中既要干得漂亮，也要说得精彩。重视工作总结，写出价值贡献和境界高度，展现出与众不同的职业素质，才能令你的职场价值倍增，才能让你在激烈的职场竞争中脱颖而出！

道生老师敲黑板

- “SAIL 模型”的四个步骤：__________、__________、__________、__________。
- 在回顾业绩的时候需要遵循的“1-2-3 原理”的内容：__________、__________、__________。
- 对工作业绩可以在哪两个维度中进行？__________、__________。
- 在展望未来的时候，你需要在哪两个方面做出承诺？__________、__________。

道生老师留作业

- 请比较“SAIL 模型”与“PDCA 模型”有何异同。
- 请结合你的工作实际，应用“SAIL 模型”进行一次工作总结。

11.2 今天我们来谈谈“薪”

——如何谈加薪才能心想事成

薪酬是衡量职场人工作价值的重要指标，也是一个人努力工作的动力。

所有人都期待领导给自己加薪。然而很多人不敢主动提出来：“领导会不会觉得我不配？要是被领导驳回，岂不很丢面子？”

每个人都有权利争取与自身价值贡献相当的报酬。当你认为有必要加薪时，就要勇敢地提出来。只要掌握了申请加薪的策略和技巧，你就能取得满意的结果。

11.2.1　该不该加薪

有些人觉得业绩表现优秀，领导就应该给加薪。

这还真不一定。业绩好只是加薪的必要条件——要想加薪必须业绩要好，但业绩好未必能够加薪。业绩代表着过去，对于这部分贡献，领导会以奖金的形式给予回报。

> 奖金代表对过去的肯定，加薪代表对未来的期许。

加薪则是基于对一个人未来价值的评估。要想申请加薪，你至少要在以下三个方面具有充足的底气。

- 你未来可能创造的价值远大于现在的薪酬。
- 你具有独特的职业价值，很难被他人替代。
- 你的职位被提升后，职责范围扩大，责任更重。

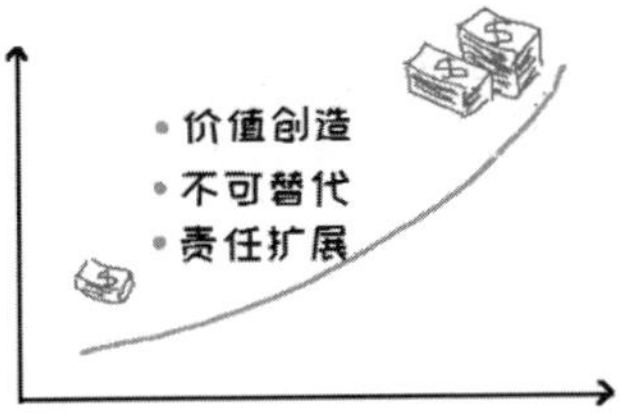

相比之下，有些理由还是不提为好，以免被“打脸”。

- “现在物价上涨这么快，又要供房，又要养家，压力太大。”

谁没有生活压力呢？公司不是救济机构，不是谁哭穷比惨就给谁多发钱。

- “我来公司这么久，工资一直没变。”

服务年限长不代表你的能力强。你倒要反省为什么领导一直不给你涨工资。

- “你看某某没我干得好，工资却比我高！”

领导会猜测你在背地里打听别人的工资，违反薪酬保密制度可是职场大忌！

- “有公司提供高薪要挖我过去。”

领导有可能顺水推舟：“那你去那家公司好喽！”本来你想虚晃一枪，结果却进退两难了。

- “不加薪我就离职！”

领导都不是“吓大”的。你拿辞职来威胁，领导宁可让你走人，也不会再重用你。

11.2.2 该加多少

如果你谋求的是职位上的提升，而公司具有规范的薪酬等级体系，那么涨薪幅度是由你的职级来决定的，你自然没有太多的发言权。

如果岗位薪酬浮动空间比较大，你就要为自己争取利益了。

你需要调研一下：以你的资历，行业里通常的薪酬水平是怎样的，你目前处在怎样的位置。依据调研的情况，你需要给自己设定一个期待的标准。

举个例子。你经过了解发现，具有你这样工作年限和工作经验的人员，月薪通常为 20 000~25 000 元，而你目前只有 18 000 元。你就可以给自己设定 22 000 元的目标月薪。

你还需要给自己设定可以接受的上限和下限。上限是没有达到个人期待，但你可以无条件接受的薪酬水平，如 21 000 元；下限是可以有条件接受的薪酬水平，如 20 000 元，但是你会要求领导以其他形式给予补贴。

11.2.3 什么时候申请

即便加薪理由很充足，如果时机不对也不一定能成功。你必须把握好申请加薪的时机。

1. 统一薪酬调整

你需要知道公司统一调薪的时间。申请加薪一定要赶在薪酬调整工作开始前，否则，一旦领导已经确定了调薪方案，你再去谈就等于推翻他之前的工作，会给领导出难题。

2. 工作成绩突出

当你刚刚拿下销售大单，或者负责的重大项目顺利完成时，此时正是申请加薪的好时机。

3. 企业发展顺利

当公司业务发展前景乐观，或者公司融到一大笔资金的时候，领导手头宽裕、心情舒畅，加薪成功的可能性自然就高。

在一些敏感的节点，你最好还是把申请报告藏起来，以免碰一鼻子灰。

- 行业或公司发展不景气，正在酝酿降薪或裁员。
- 团队发生动荡，人员频繁流失，业务受到影响。
- 你业绩平平，没有拿出具有说服力的表现。
- 领导刚刚经历打击或挫折，心情不佳。

11.2.4　怎么谈加薪

申请加薪的沟通从某种意义上讲也是一种谈判。要具备天时、地利、人和的条件，同时还要保证程序正确，这样成功的可能性才大。

首先，你需要找一个合适的时间，如一对一汇报工作或者绩效谈话，此时正是同领导沟通的好时机。其次，你需要找一个相对安静、私密、不被打扰的空间。

以下是加薪沟通的一般步骤，你可以根据情况灵活运用。

1．邀请领导评价

你要邀请领导对你工作进行评价："我想请您对这段时间我的工作表现进行指导。"

通过评价，你可以了解自己在领导心中的形象。如果和你的自我认知一致，就可以继续谈；否则就要谨慎了。

2．彰显自我价值

接下来你就要进行自我评价了。你需要展示自己创造了多少收入，削减了多少成本，开拓了多少客户，解决了哪些重大问题……平时最好注意记录这类信息，这样就可以拿出有说服力的数据来加以佐证。

你也要谈谈自己各方面的能力有了哪些长足的进步，也可以表达一下对公司愿景和公司文化的认同，让领导感受到你对公司的忠诚。

3．询问加薪条件

你需要让领导告诉你，加薪需要符合哪些可衡量的客观条件。这是能否达到加薪目标的关键！

你可以这样问领导："我非常愿意继续提升自己的价值、承担更多的责任，同时也期待公司能够对我的价值给予肯定。我想了解一下，我这样的岗位需要达到什么样的条件才有可能加薪？"

4．匹配加薪标准

领导一旦提出了标准，你就可以逐条进行比对，证明自己已经全部或部分达到了要求："领导您看，这条我已经达到了……那条我也达到了……"

如果有些条件没有满足而有些方面超过标准，你可以试着跟领导申请条件交换："这方面虽然我没达到要求，但我在××方面远远超出了标准，请领导平衡考虑一下！"

对于目前还无法满足的条件，你需要向领导承诺某个期限内一定会做到，为此你愿意履行相应的职责、承担更多的责任。

5．提出加薪幅度

如果领导直接问你期待的薪酬水平，你最好不要马上亮出底牌。你可以说："我想看看公司的规定是怎样的。"万一领导给出的薪酬水平比你期待的还高呢！

当然，如果领导坚持问，你也不要僵持。你可以在期待薪酬水平的基础上向上浮动一些。例如，个人期待薪酬水平是 22 000 元，你就可以说 23 000 元。

6．灵活回应结果

领导同意你的诉求当然皆大欢喜！即便没有达到你的期待，你也需要灵活回应。

如果领导认为你达到了条件，但是由于薪酬预算或其他客观原因无法满足你的全部要求，你可以和领导探讨以其他方式来弥补，如津贴、补助等。

如果领导认为你还没有完全达到要求，只能部分加薪甚至暂时不能加薪，你需要和领导约定一个考察期限，如半年或者一年。到那个时候，双方再次坐下来进行评估，看你是否已经满足了加薪的要求。

申请加薪，最重要的不是达到加薪的目的，而是展示你的积极态度。你要向领导传递清晰的信号——我乐于承担责任和压力！我对自己的价值提升有信心！在我身上的投资是值得的！

> 申请加薪，重要的不是达到加薪的目的，而是展示你的积极态度。

领导看到了你的积极态度，必然会对你多加关注、另眼看待，也必将给予你更多的机会和更大的舞台！

道生老师敲黑板

- 申请加薪需要具备哪些条件？________________________________。
- 哪些时候是申请加薪的有利时机？______________________________。
- 申请加薪谈判的一般步骤有哪些？______________________________
  ____。
- 在与领导谈加薪时，什么样的态度有助于达成双赢的目标？____________
  ____。

道生老师留作业

- 对你而言，现在是申请加薪的好时机吗？请从行业、公司、个人三个层面进行分析。
- 关于你的资历和能力所对应的行业薪酬水平，你可以用哪些方法去了解？
- 假如现在就和领导谈加薪，你将如何评价自己以彰显自我价值？
- 你有过主动申请加薪的经历吗？结果如何？有哪些经验可以总结？
- 假如你现在就去和领导谈加薪，并且达成了期待的结果。请你分享一下你是怎样做到的。

11.3 留下“优雅的背影”

——完美地结束一段职场关系

有人说，跳槽就像得感冒一样——人人难以避免，只是时间间隔长短不同而已。大多数人在职场生涯中总会经历几次跳槽。

结束一段工作关系，与开始一段职业生涯同样重要。处理不好，不但离职过程不愉快，而且可能会影响今后的发展。

职场表达高手会在离职这件事上谨慎操作，让自己留下“优雅的背影”。

11.3.1　何时提辞职

职场惯例是提前一个月提出辞职，但具体时机还需要慎重选择。

如果你是业务骨干，又恰逢业务的关键阶段，这时候提出辞职无异于“釜底抽薪”，有可能让领导火冒三丈——不论之前关系多好，此刻估计痛打你的心都有！相信你也不会让自己的好名声毁在这样不明智的决定上。因此，你最好坚持到一个业务周期结束，给领导一个完整的交代。

与新公司协商的时候，你需要坦承面临的情况，并与对方商量合适的入职时间。你的新领导应该会理解你的处境，并赞赏你的职业操守。

11.3.2　跟谁提辞职

当然是你的直属领导！

有人担心要是先跟领导说了，他会不会从此处处孤立自己、为难自己？

不论有怎样的顾虑，公司里最先得知消息的人，都必须是你的直属领导。

职场上没有不透风的墙。不要以为关系好，同事就会为你保守秘密。万一领导发现自己被蒙在鼓里，会因此而大为光火——这明明是不把他放在眼里。

> 不论有怎样的顾虑，公司里最先得知消息的人，都必须是你的直属领导。

为了让领导的自尊心得到满足，你不仅要让领导第一个知道你辞职的想法，还要在谈话时有意强调这一点：“我十分尊重您，所以您是第一个知道我想辞职的。还请您替我在一段时间内保密。”

如果你能这样做的话，领导会很满意于你办事的妥帖。

11.3.3　怎样提辞职

向领导提出辞职，最好不要用邮件、微信或者打电话的方式。你需要采取面对面、一对一的形式与领导沟通，这样才能显示出你的尊重和真诚。

在与领导的沟通中，你需要清晰表达出一些信息。

1．离职的原因

即便你心里想的是“这么辛苦还一直不涨工资，老子不干了！”嘴上也要说一个冠冕堂皇、不易被拒绝的理由。领导都懂的。

2．离职的时间

你需要提出一个初步的意向，具体时间还要与领导协商。

3．离职的方式

关于离职的信息在什么时间、以什么形式广而告之，如何交接工作，同样需要征求领导的意见。

领导除表示挽留外，通常会利用这个机会向你了解一些情况。

1．未来的去向

在进入新公司履职之前，最好不要透露你的去向。

职场圈子比你想象的要小得多。如果新公司与原公司具有竞争关系，原公司没准儿会竭尽所能进行阻挠。有可能领导一个电话，就会让你的跳槽努力前功尽弃，因此还是暂时保密为好。你可以说“先休息一下，充充电，再考虑下一步”，以免引发不必要的事端。

> 在进入新公司履职之前，最好不要透露你的去向。

2．工作的交接

在与领导面谈前，你要准备好合适的交接方案，包括交接对象、交接内容、交接时间等，从而显示出你负责到底的认真态度。

3．对个人或公司的看法

领导可能想利用这个机会，挖掘一些平时难以得到的信息，如对公司、对他本人、对同事的看法等。

千万不要以为自己要走了，就可以无所顾忌了。还是那句话，职场圈子其实很小。你说过的关于某人的坏话，没准儿会通过什么渠道传到那个人耳朵里。你要记得，不论公司、领导还是同事都要给予正面评价。如果一定要说问题，也要挑一些无关痛痒的小事来说。

总之，与领导的辞职沟通一定要做到既坦诚又有策略；既要捍卫自己的合理利益，又要尽最大可能为领导着想。领导的理解和配合，对于你能否顺利离职至关重要！

11.3.4 如何走流程

与领导面谈并获得同意后，你就可以走正式的离职程序了。

1. 书面辞职

你需要写一封正式的辞职信发给直属领导，同时抄送公司人力资源部门。

由于事先通过面谈，你已经与领导就辞职的细节达成一致，在辞职信里就不需要长篇大论了。作为正式函件，你只要简明扼要地交代以下几点即可。

- 离职的原因。
- 离职的时间。
- 交接时间和方式。
- 请求领导批准。

2. 交接工作

接下来，你需要按照承诺与接手人员交接工作，包括向对方介绍工作流程和操作规范，整理并交接业务文档资料等。

如果有必须本人完成的剩余工作，你要妥善处理完成，站好最后一班岗。

3. 告别同事

现在，你可以向同事们以口头或书面形式道别了。

你可以在团队范围内群发告别函，但最好不要在公司群里发——并不是所有人都关心你离职的消息。然后，你要自觉退出所有与工作有关的微信群、QQ 群。

有些人可能会好奇你离职的原因和去向。注意，不论关系多么密切，这个时候都不要给出真实的答案。有涵养的同事自然不会刨根问底。

如果你在公司资历较深或者贡献较大，领导可能会为你操办一场欢送会。

你作为主角肯定要讲几句话。这时候你就可以使用本书 6.3 节中介绍的“内外前后模型”。举个例子。

内在感受（内）：离开朝夕与共的同事们，我心里有很多不舍。今天大家为我送行，让我非常感动！

表达致意（外）：感谢大家对我的支持和包容！感谢你们对我的关怀和帮助！你们是我最好的兄弟姐妹！

回顾过去（前）：在公司的几年里，我从一个懵懵懂懂的毕业生，成长为一个××方面的行家里手！这当中有汗水、有泪水，更多的是成长的喜悦！

展望未来（后）：今后不论我在哪里，我们的心永远在一起！我永远挂念你们！

接下来，你就尽情享受拥抱、泪水、鲜花、美酒、掌声和祝福吧！

优雅地辞职，是一个人职业素质的表现，也最能呈现一个人的涵养格局。

妥善处理好工作关系，不仅为一段职业生涯画上圆满的句号，也会在他人的记忆中留下令人尊敬和深刻印象的职场“背影”！

道生老师敲黑板

- 在职场留下“优雅的背影”的意义在于：______________________________。
- 辞职的程序主要有哪几步？______________________________。
- 在向直属领导谈辞职时，可能涉及哪些内容？______________________________
  ______________________________。

道生老师留作业

- 假设你现在准备辞职。请你准备一份与领导进行辞职沟通的腹稿，包括离职原因、离职时间、交接方式等。
- 请使用“内外前后模型”，为自己准备一份在送别会上的发言。
- 在你身边，有没有把离职处理得很好或很不好的人？你能讲讲关于他们离职的故事吗？

11.4　一个管理者的诞生

——在职场竞聘中脱颖而出的关键

一天，朋友小赵来找我，他的情绪很沮丧。

原来，他所在的财务部的经理职位出现了空缺。公司组织了一场内部竞聘，由几位候选人通过演讲竞争这个职位。

小赵在财务部已经工作了七八年，业务表现一直很优秀，每年都能被评为部门优秀员工，他对这次竞聘的胜出信心十足。

万万没想到，领导们把选票都投给了另一位同事。这位同事工作年限没有他长，获得的表彰没有他多。这令小赵很是想不通，于是来向我请教他在表达上出了什么问题。

我问他："你是怎么发表竞聘演讲的呢？"

小赵说："我就是按照竞聘演讲的标准结构：先是声明竞聘的职务，然后介绍自己的背景资格，展示自己的优势，阐述对竞聘岗位的理解和施政纲领，最后表达竞聘决心。"

我又问他："在展示优势部分，你是怎么讲的？"

小赵说："我突出了自己认真负责的敬业精神，勇于承担的责任心，以团队利益为重的牺牲精神，还有……"

讲到这里，我已经大概知道问题出在哪里了。

在竞聘的时候，人们通常会强调自己做过哪些工作，取得了哪些成绩，积累了多少相关经验等。这当然很重要——在现任岗位没有做出突出成绩的人，是没有资格竞争更高职位的。可是，只谈已有的成绩和能力是不够的。

打个比方。应聘汽车司机的时候，你谈自己骑了十几年自行车、技巧娴熟，会有用吗？或许会有一点儿用——骑自行车和开汽车在能力需求上可能具有某些相似性，如视力要好、手眼要协调，不过大概也就仅限于此了。一个好骑手不一定能成为一个好司机，因为这两种身份的大部分能力素质要求是不同的。同样，你在原来岗位上积累的经验并不一定能满足未来岗位的要求。

领导关心的是，你是否具有竞聘岗位相关的工作经验。即便没有经验，你也要证明自己已经具有了竞聘岗位所要求的能力素质。

小赵的竞聘陈述只是强调了自己在目前岗位上的“合格性”。这样的自我评价用来述职或者竞争奖项是没问题的。可是，如果用来竞聘一个管理岗位，就明显不足了。

职场能力大体可分为两种：一种是“硬能力”，泛指专业能力；另一种是“软能力”，即一个人的领导力，包括目标管理能力、团队管理能力、沟通表达能力等。

一个人进入职场，通常都是从具体的业务操作做起。要想在职场中站稳脚跟，“硬能力”是首要发展的对象。

随着工作年限的增长，这个人逐渐开始承担一定的管理职能，对“软能力”的要求开始提升。

终于在某个时刻，这个人完成了从基层员工向管理者的身份转变。这时，他的主要工作不再是具体的业务操作，而是对团队的管理。从此以后，对“软能力”的要求超过了对“硬能力”的需求。

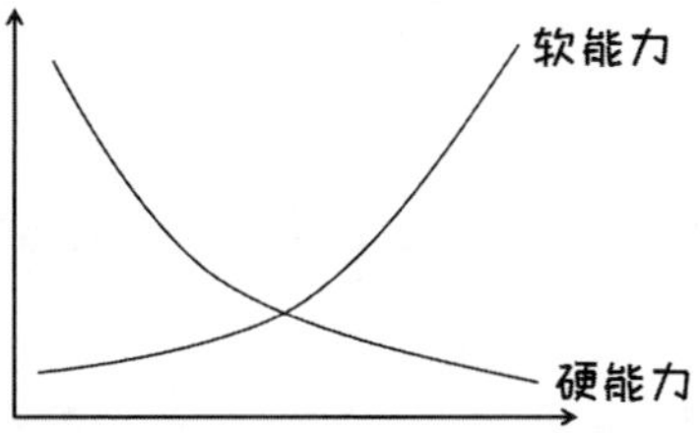

在组织里竞聘的通常是管理岗位。除必要的业务能力外，领导会将“软能力”作为重点衡量的维度。

因此在竞聘管理岗位的时候，除了业务能力，你还要重点展示自己的“软能力”，也就是领导力素质。

在詹姆斯·库泽斯和巴里·波斯纳合著的《领导力的真理》一书中，揭示了领导力的五种行为。

- **以身作则**。以自身行为为团队成员树立高水准的行为规范。
- **共启愿景**。向下属描绘组织愿景并点燃他们的工作激情。
- **挑战现状**。在工作中善于总结经验、发现问题并勇于革新。
- **使众人行**。激发每个人的潜能，让团队成员拥有最佳表现。
- **激励人心**。通过认可、赞美、激发的方法，持续激励团队。

作为竞聘者，你需要用透彻的解析和扎实的事例，向评委展示自己对于管理工作的深刻理解，证明自己具备了目标岗位的领导力素质，是一名合格的未来管理者。

作为竞聘者，你需要证明自己具备了目标岗位的领导力素质，是一名合格的未来管理者。

如果小赵想在诸多竞争者中脱颖而出，在“展示优势”部分，除业务能力外，还要特别强调自己的领导力素质。

- **以身作则**。通过具体事例，讲述自己是如何理解公司核心价值理念，并在工作中切实履行的。
- **共启愿景**。讲讲自己如何整合个人愿景与组织愿景；当身边的同事对前途感到困惑的时候，自己如何帮助他们树立工作目标、找到工作的意义。
- **挑战现状**。自己在工作时如何发现制度、流程中改善的机会，如何协调资源、解决问题，从而实现工作体系的优化。
- **使众人行**。作为一名老员工，如何扮演“粘合剂”的角色，使团队内形成彼此信任、互惠互利的合作氛围；如何激发他人潜能，让团队成员有更好的表现和更快的成长。
- **激励人心**。在身边同事成长的过程中，自己如何向他们提供及时和积极的反馈；用了哪些手段向他们表示欣赏和鼓励，用了哪些方式庆祝他们获得的成绩。

很多演艺明星在跑龙套、扮演配角的时候，就已经处处用“演员”的标准要求自己了。正因如此，导演才会从他们的一个眼神、一个动作中看到“演员的诞生”。

同样，不是成了管理者，你才拥有“领导力”；而是你在工作中展示出了领导力，才可能得到领导的认可和同事的拥戴，从而成为管理者。

> 不是成了管理者，你才拥有“领导力”；而是你在工作中展示出了领导力，从而成为管理者。

竞聘也好，提拔也好，业务能力只是硬币的一面。在另一方面，你在当前工作中呈现出的领导力素质，同样具有举足轻重的影响！

道生老师敲黑板

- 职场“硬能力”和“软能力”分别指：________________________________。
- 文中展示的领导力模型包含的五种行为：______________、______________、______________、______________、______________。

道生老师留作业

- 你目前岗位的“硬能力”的要求有哪些，“软能力”的要求有哪些？你的上一级管理岗位的“硬能力”和“软能力”的要求又分别是哪些？
- 在文中给出的“‘硬能力’与‘软能力’”示意图中，标出自己当前大致所处的位置。

  如果当前位置在曲线交汇点的左侧，你认为在现实中交汇点是指发生了什么事件？你预计还有多长时间将会发生这个事件？为此你需要做哪些准备？

  如果当前位置在曲线交汇点的右侧，请你判断随着“软实力”曲线的上升，自己还有哪些能力需要继续提升？
- 对照文中提到的领导力的五种行为，评估自己的领导力素质处在怎样的状态。

三 管理高手篇

一个人走上管理岗位后，工作重心从“做事”变成了“带人”。之前是做业务、向上汇报、管理自己，现在是带团队、向下管理、引领他人。

对于管理者而言，职场表达不仅是传递信息、下达指令的工具，更是激励下属、进行心灵沟通的手段。

- 有效率、有效果地主持各类会议。
- 真诚地反馈激励令下属心悦诚服。
- 运用提问沟通技巧激发下属潜能。
- 使用正能量语言凝聚团队战斗力。
- 运用潜意识沟通工具引发深层改变。

……

管理者的使命在于激励下属释放潜能、支持团队达成目标，因此不能满足于“把话说好”，而是要“超越说话”。

管理者不仅是职场表达的高手，更要成为启迪个体智慧、激发组织能量的高手！

第十二章

会议管理完美高效

* 主持人如何掌控会议进程
* 头脑风暴会议应该怎么开
* 如何进行富有成效的复盘

12.1　将方向盘牢牢把握在手中

——主持人如何掌控会议进程

有人说，每天我们不是在会议中，就是在赶往下一个会议的路上。会议是职场生活的重要组成部分。

在本书5.2节中，我们学习了如何组织一场会议，以及如何撰写会议通知。这些事务性工作通常是由下属来完成的。

会议组织工作的质量，决定了会议能否顺利召开。而会议能否达成预期目的，在很大程度上是由会议主持的水平决定的。

主持和引导会议进程，保障会议达到预期目标，是每一位管理者必须具有的职场能力。

管理者该如何主持一场会议呢？你需要做到“开场三约定、会中三掌控、会尾三确定、会后三跟进”。将方向盘牢牢掌握在自己手中。

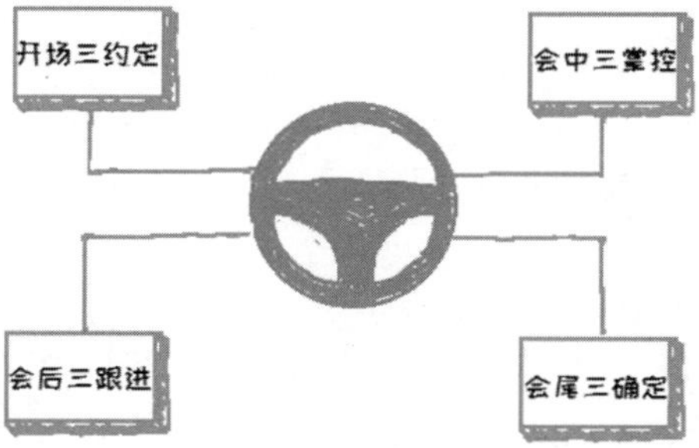

12.1.1　开场三约定

会议开始后的前五分钟是非常宝贵的。在这段时间里做的事情，将为整个会议定下基调，因此被称为“黄金五分钟”。

首先，主持人要使用 **INTO 模型**做一个简短的开场白。

- 介绍（Introduction）——介绍参加会议的人员。
- 需求（Need）——介绍会议召开的背景。

- 时限（Time limit）——介绍会议的起止时间。
- 目标（Objective）——明确会议需要达成的目标。

在“黄金五分钟”里主持人要做一件重要事情——**“开场三约定”**。

- 约定会议流程——规定会议议题的先后顺序、发言人与时间分配。
- 约定会议纪律——强调会议纪律，如电话静音、不要随意出入等。
- 约定沟通原则——重申沟通互动原则，如积极参与、坦诚交流、善意回应等。

利用好“黄金五分钟”，做到“开场三约定”，与会者就会明确会议目标、程序和要求，从一开始就具有目标感和紧迫感。

12.1.2 会中三掌控

开车的时候如果好几个司机都在抢方向盘，车辆就很难正常行驶了。

会议也是一样的。如果大家都想争夺主导权，会议将无法顺利进行。主持人必须将方向盘牢牢把握在手中！

> 如果大家都想争夺主导权，会议将无法顺利进行。主持人必须将方向盘牢牢掌控在手中！

主持人需要在会议中做到“三掌控”：掌控时间、掌控秩序、掌控方向。

1. 掌控时间

- 控制会议时间

主持人需要对会议时间做整体把控，争取按时开始、准时结束。

- 控制议题时间

当一个议题未能达成结论但讨论时间已到时，除非该议题的成果影响后面的进程，否则应暂时搁置，避免占用其他议题的时间。

- 控制发言时间

主持人对每个人发言的时间应有大致的时间限制。对于喋喋不休者，主持人可以直接提醒：“发言时间到！”也可以委婉地表示：“我们先听听别人的想法好吗？”

2. 掌控秩序

- 保证完整表达思想

在别人没有结束发言之前，任何人不得插话、打断，保障每个人都能完整地表达自己的思想。

• 保证尊重他人意见

每个人都有表达观点的权力，任何人不能凭借职位或经验压制他人；鼓励不同思想观点的交锋，但不得进行人身攻击。

• 保障发言机会平等

主持人需观察在场人员的发言状况，鼓励沉默的与会者发言，保障所有人拥有公平的发言机会。

3．掌控方向

• 保证内容切题

当与会者的发言内容与会议主题不相干时，主持人应及时介入："你说的这个问题很重要，不过不属于今天的议题范畴，可以在会下讨论吗？"如果是有意义的话题，主持人可以在白板上辟出"等候区"先记录下来，待正式议程结束后如果有时间再安排讨论。

• 避免内容琐碎

当发言或讨论涉及的内容陷入琐碎细节，甚至与主题无关时，主持人需要提醒与会者回到核心主题上来。

• 避免情绪失控

一旦与会者情绪失控出现争吵的情况，主持人应当立即进行制止，必要时可以宣布休息几分钟，以便相关人员将情绪稳定下来。

12.1.3　会尾三确定

会议即将结束时，主持人要有效利用最后的时间，对会议成果进行总结确认。

1．确定达成的共识

主持人需要回顾会议上达成的共识和做出的决策："今天我们达成了以下共识：1……2……3……"与会者对主持人总结内容的完整性和准确性进行确认。

2．确定行动计划

主持人需要再次明确各项决议的执行方案，落实每个事项的负责人与职责分工、完成目标的最终时间节点、关键事项的检查节点等。

3．确定后续事项

主持人需要明确未尽事宜的处理方式，如是否需要提请更高层次领导决策等。如有必要，主持人宣布下一次会议的目标、时间及地点。

12.1.4　会后三跟进

主持人在会议结束后，需要对会议各项决议的执行采取“三跟进”。

1．跟进会议纪要

主持人应安排专人整理会议纪要，确保在 24 小时内向所有与会者发出会议纪要并得到确认。

2．跟进落实执行

主持人要督促责任人分解并落实行动计划，并监督行动计划的实施。如果在实施过程中遇到困难，主持人需要提供必要的关系协调和资源支持。

3．跟进执行结果

在关键的时间节点，主持人需要听取相关人员关于决议执行进展的情况汇报。如果是连续性会议，需要在下次开会时回顾执行结果。

主持会议并不是机械地完成会议流程。主持会议的效率和效果，决定了组织的决策质量，对于团队凝聚力和最终经营成果具有直接影响。

要想开好会议，管理者必须做到“开场三约定、会中三掌控、会尾三确定、会后三跟进”，将会议进程的方向盘牢牢把握在手中！

道生老师敲黑板

- 主持人在“黄金五分钟”里需要做的事：______________________________。
- 主持人在会议中要做到的“三掌控”包括__________、__________、__________。
- 主持人的“会尾三确定”包括____________、____________、____________。
- 主持人的“会后三跟进”包括____________、____________、____________。

道生老师留作业

- 下次主持会议时，准备一份反馈表，交给与会者打分反馈（1 分为最差，5 分为最好）。

项目			评分 1	2	3	4	5
INTO 开场白		介绍会议目标、参加人员和会议时长					
开场三约定		介绍会议议题顺序、发言人及时长					
		声明会议纪律					
		约定沟通互动原则					
会中三掌控	掌控时间	整体把控会议时间，准时开始和结束					
		按计划完成各项议题的讨论					
		合理掌控每个人的发言时长					
	掌控秩序	制止插话和打断他人发言					
		鼓励不同思想观点的交锋					
		保证每人拥有平等发言的机会					
	掌控方向	对发言跑题现象进行及时干预					
		及时干预陷入琐碎细节的发言					
		及时制止情绪冲动行为					
会尾三确定		确认会上达成的共识					
		确定执行方案，落实分工和检查节点					
		确定未尽事宜的处理方式					

12.2　掀起一场“完美风暴”

——头脑风暴会议应该怎么开

你正走在办公区里，突然被市场部的小韩叫住：“有空吗？走，跟我头脑风暴去！”

进入会议室，你发现会议主题是给市场活动起一个吸引人的名称。

大家围着桌子七嘴八舌地提出自己的观点。一个人抛出点子，马上被批驳："不行，太俗!"另一个人提出创意，又马上被否决："已经被用过了!"就这样，不断有点子产生，又因为各种原因一一被否定。

最终大家筋疲力尽，创意也渐渐枯竭。市场部经理看了看表说道："大家'民主'完了，我来'集中'一下。我觉得小刘的创意不错。大家没意见的话就这么定了！会议结束!"

你很困惑：为什么身边的头脑风暴会议都是这样？如何才能进行一场"完美风暴"呢？

一次完整的头脑风暴会议包括会前准备、开场预热、静默时刻、创意分享、讨论评析和形成决议等六个环节。

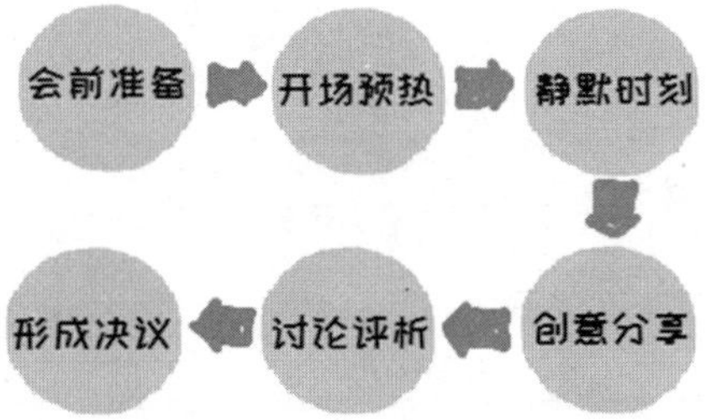

12.2.1 会前准备

头脑风暴会议的与会者，最好具有"不同背景、相似级别、共同关注"等特征。

> 头脑风暴会议的与会者，最好具有"不同背景、相似级别、共同关注"等特征。

1. 不同背景

与会者最好来自不同的部门、不同的领域。之所以这样要求，是因为具有相同背景的人员，比较容易被相似的思维框架和认知模式所局限，造成思想的"近亲繁殖"。

2. 相似级别

与会者的级别最好相同或相近。如果有过高级别的领导在场，就可能有意无意地成为"意见领袖"，在无形中主导会议的方向。与会者也有可能慑于其权威，在发言时有所保留。

3．共同关注

与会者都应该与会议主题相关，这样才会全情投入。如果像本文开头那样莫名其妙地被拉去开会，就可能迟迟不能进入状态。

组织者需要向与会者发出会议通知，明确告知会议主题和会议目标，并提供相关参考材料，以便与会者提前做好准备。

头脑风暴会议的与会人数最好不超过十人，时长最好不要超过两小时，否则会议效率会降低。会议期间应提供一些茶点，以便大家放松心情和补充体力。

12.2.2　开场预热

会议开始后，主持人需要利用“黄金五分钟”，对议题的背景、意义，需要达成的目标进行详细阐述。

如果有人第一次参加头脑风暴会议，主持人还要介绍相关的程序和规则，解答他们的疑问。

如果有必要，主持人需要指定专人即时记录与会者的创意。

12.2.3　静默时刻

现在各就各位，只等起跑了？且慢！

如果直接开始创意分享，与会者的想法就容易彼此影响。主持人需要划出一个时间段。在这段时间里，与会者不与他人进行讨论交流，而是自己静静地思考，独立形成自己的创意。这个时间段叫作“静默时刻”。

为了让大家尽快进入状态，主持人可以做一个小小的引导：

“请大家闭上眼睛，静静地和自己待一会儿。现在，想象你的大脑是一块纯净的屏幕，屏幕上什么都没有。同样，你的头脑里也是一片宁静。

现在，请你把这次会议要讨论的课题投影到屏幕上。你开始思考它的答案。

不论产生怎样的创意，都不要去评判它好与不好，你需要做的只是把它记下来。然后，静静地等待下一个创意出现，再记下来，再等待下一个……如果没有新的创意出现，你就静静地等待好了……”

> 在“静默时刻”，与会者在生成创意的同时，也在适应头脑风暴的会议氛围。

“静默时刻”是一个人的头脑风暴时间。在生成创意的同时，与会者也在适应头脑风暴“允许、平等、接纳、尊重”的会议氛围。

“静默时刻”的时间长度由主持人掌握。时间到了以后，主持人邀请大家把刚才生成的创意写下来。

12.2.4 创意分享

“静默时刻”结束后，与会者开始分享自己的创意。

在这个过程中，主持人需要确保大家遵循头脑风暴规则。

- 每个人按顺序轮流发言。
- 每次发言只能贡献一个创意。
- 对于任何创意都不得加以评判（无论是正面的还是负面的）。
- 如果表述不清晰，可以要求发言者简单澄清。
- 可以对别人的创意进行引申拓展，创意相同则不必重复。
- 没有新创意者可以放弃这一轮的发言权。

在创意分享的过程中，主持人需要扮演裁判员和啦啦队的角色：一方面提醒和纠正违反会议规则的行为，另一方面鼓励大家积极投入，推动创意的产生进程。

直观地看到他人的创意，往往能够给与会者带来启发。记录员需要随时将与会者分享的创意按发言顺序记录到白板上。如果没有记录员，与会者在口头分享创意之后，可以用记事贴写下来自己贴到白板上。

创意分享结束后，主持人可以安排一段休息时间，大家可以吃点东西休息一下。

12.2.5 讨论评析

接下来，就要进入讨论评析环节了。在这个环节中主持人需要做三件事：

1．梳理汇总

在大家休息的时间里，主持人将采集的创意进行梳理，并在白板上用思维导图进行汇总呈现。

2．评价审议

在主持人的带领下，与会者对刚才产生的创意进行逐条审议——剔除那些看起来明显欠佳的创意，对相似的创意进行澄清或整合。如果有新的创意出现，此时也可以补充进来。

如果说创意分享是“发散”的过程，讨论评析就是“聚焦”的过程；如果说前一个环节是“求量”，这个环节就是“求质”了。

3．聚焦加工

与会者以表决的方式，挑选出两三个公认比较好的创意作为主攻方向。

大家围绕这几个主攻方向，再展开新一轮的创意分享和讨论评析，对原有创意进行加工完善，最终形成草案。

需要注意的是，“讨论评析”并不是那位市场部经理所谓的“集中”，而仍然是共同参与、集体决策的过程。

至此，第一阶段会议结束，与会者可以回到自己的工作岗位上了。

12.2.6　形成决议

新鲜出炉的草案仍然只是一个雏形，还需要进一步修订完善。

1．会后沉淀

主持人将白板上的讨论成果记录或保存下来，发给每个与会者继续深入思考。有条件的话，白板应保持原状留在会议室内。

离开会场兴奋的环境，经过一段时间的注意力的转移，与会者的头脑会冷静下来。这时候再回头审视草案，看法会变得更加理智和客观，或许还会有新的想法产生。

2．方案形成

第二天主持人再次召集大家开会，回顾前一天的讨论成果。如果有人提出补充或修订意见，与会者将再一次展开集体讨论。

这次修订的成果，就可以作为正式方案了。到这一步，一次完整的“头脑风暴”才落下帷幕。

一场高质量“头脑风暴”的诞生，离不开事前的精心准备。一次创意能量的巨大释放，来自过程的严谨把控。

掌握了头脑风暴的流程和规则，你也可以掀起一场“完美风暴”！

道生老师敲黑板

- 头脑风暴会议的六个环节：__________、__________、__________、__________、__________、__________。
- “静默时刻”的意义在于：______________________________。
- 在“创意分享”环节中，与会者需要遵守的规则有哪些？______________________________
______________________________。
- 在“讨论评析”环节中需要做的三件事：______________________________。
- 为什么“创意分享”与“讨论评析”环节、“讨论评析”与“形成决议”环节要分别进行？______________________________
______________________________。

道生老师留作业

- 你参加过头脑风暴会议吗？与文中介绍的会议组织形式相比，你觉得哪些方面可以做得更好？
- 一次成功的头脑风暴会议的决定因素有哪些？
- 在工作中找到一个课题，以主持人的身份，组织相关人员按照头脑风暴的程序和规则进行一次研讨。

12.3 在自我学习中蜕变成长

——如何进行富有成效的复盘

“复盘”原本是围棋术语，指的是棋手在对弈结束后，按照行棋顺序重新摆一遍。

在复盘过程中，双方就当时各自的构思以及各种可能的变化进行探讨。棋手要通过复盘知道自己赢是怎么赢的，输是怎么输的，这样才能提升棋力。

职场活动也需要复盘。

> 虽说胜败乃兵家常事，可是胜在哪里、败在哪里，我们既要知其然也要知其所以然。

虽说胜败乃兵家常事，可是我们要知道胜在哪里，败在哪里，既要知其然也要知其所以然。

通过复盘，我们能够知道自己做对了什么，做错了什么，是偶然得手还是必然成功，哪些教训需要总结反思，哪些操作可以沉淀固化，哪些经验可以提炼推广，这样才有可能实现工作能力的持续提升。

12.3.1　复盘前

作为管理者，你需要在召开复盘会议前确定复盘的主题、时间和参与者。

1. 主题

复盘的对象可以是一场活动、一个项目，乃至一段时间的战略、战术的执行情况。

2. 时间

复盘通常在事件结束后立即进行，这样才能够保证相关人员的记忆还比较新鲜、细节描述比较完整。

不过，如果某些人员还处在强烈的负面情绪中，就最好推迟一段时间，先处理好情绪再复盘。

3. 参与者

复盘参与者应该是与主题相关的全体核心成员。因为每个人通常只了解自己的那一部分情况，如果信息不完整就会变成各说各话的“罗生门”。复盘的人员构成要尽可能完整，这样才能拼凑成完整的画面。

复盘可能涉及不同岗位、不同部门，甚至不同职能系统。如果复盘仅仅在执行人员层面进行，就可能流于表面，无法从更高的视角进行统筹分析。因此，管理者应当成为复盘会议的主持人，在会议中发挥主导作用。

12.3.2　复盘中

复盘过程由回顾目标（Goal）、评估结果（Outcome）、分析原因（Analysis）、总结学习（Learning）四个步骤构成，简称“**目标（GOAL）模型**”。

1. 回顾目标

作为管理者，你需要提出以下问题启发复盘参与者：

- 最初想达到的目的是什么？
- 当初设定的目标是什么？
- 有没有设定过程性目标？
- 当初对形势和条件有哪些预判？
- 当初的执行策略和行动路线是什么？

在这个环节中管理者需要注意的是：

- 如果发现目标和策略有描述不清或者缺失的情况，就说明当时这些工作没有做到位。在复盘时，要尽量还原当时面临的形势，设想当时可能会制定怎样的目标和策略。这个步骤非常重要，否则后续复盘操作将无法进行。
- 管理者需要借此机会，引导与会者认识到制定目标、策略和行动计划的重要性，避免今后出现同样的问题。

2. 评估结果

作为管理者，你需要提出以下问题启发复盘参与者：

- 对照设定的目标，实际完成情况如何？
- 对照行动计划，实际采取的行动是怎样的？
- 在过程中做了哪些调整？产生了怎样的影响？
- 在过程中哪里做得好？哪里做得不够好？

在这个环节中管理者需要把握：

- 要求各参与方放下包袱，坦诚沟通，必要时借助人证、物证进行情景再现。
- 在这个环节中只陈述事实，不需要探索原因和解决方案，更不能进行批评指责。
- 不能只谈成绩不看问题，也不能只谈问题弱化亮点，问题与亮点同样重要。

3．分析原因

作为管理者，你需要提出以下问题启发复盘参与者：

- 当初目的、目标的设定是否有问题？
- 当初对形势和条件的预判有哪些偏差？产生偏差的原因是什么？
- 成功（失败）的主、客观关键因素有哪些？
- 哪些因素是可控的，哪些因素是不可控的？
- 如果没有预料之外因素的影响，还会是现在的结果吗？

在这个环节中管理者需要提醒团队：

- 系统思考各个因素之间的相互作用和影响。
- 成功时要多分析客观原因，失败时要多分析主观原因。
- 避免轻易下结论，要通过不断深入追问，挖掘内在的根本原因。

4．总结学习

作为管理者，你需要提出以下问题启发复盘参与者：

- 从过去的工作中可以总结哪些经验和教训？
- 哪些工作是要坚持做的（Keep），哪些工作是要开始做的（Start），哪些工作是要停止做的（Stop），哪些工作是要多做的（More），哪些工作是要少做的（Less）？
- 有哪些流程、框架、模式可以提炼出来形成可复制的工作流程？
- 下一步的行动计划是什么？

在这个环节中管理者需要强调：

- 不能就事论事，要尽可能上升到共性层面，寻找普遍性规律。
- 避免形式化，行动计划要具体，措施要可落地执行。

12.3.3 复盘后

复盘后，管理者需要牵头跟进后续工作：

- 整理复盘结果，形成会议纪要。在获得与会者的认可之后，将会议纪要发送给领导和其他有关团队成员。
- 对于确定的改进事项及行动计划，管理者要落实责任人，并监督行动计划的实施。如果在执行过程中存在问题和困难，管理者要进行协调，并提供相关资源和协助。

复盘是在对已发生事件进行客观评价的基础上，跳出“就事论事”的局限，力图寻找成败的普遍规律，强调“面向未来”的学习。

> 复盘要跳出“就事论事”的局限，寻找成败的普遍规律，强调“面向未来”的学习。

从复盘的观点看来，“事后诸葛亮”不仅必要，更是组织和个人在自我学习中蜕变成长的重要手段！

道生老师敲黑板

- 请列出在“目标（GOAL）模型”的四个步骤中，管理者需要向复盘参与者提出的问题。

  1. 回顾目标：________________________________。
  2. 评估结果：________________________________。
  3. 分析原因：________________________________。
  4. 总结学习：________________________________。

道生老师留作业

- 你认为复盘和工作总结有什么区别？
- 在复盘的四个步骤中，除了书中列举的问题，你还想到了哪些问题？
- 选择一次团队活动或者一个工作项目，以主持人的身份在部门内组织一次复盘。
- 复盘也可以在个人层面进行。请对你最近完成的一项个人事务进行复盘。事务可以是职场上的，也可以是生活中的，如考试、应聘、装修等。

第十三章

激发员工从心赋能

* 提问式对话唤醒下属潜能

* 如何提出有激发力的问题

* 沟通高手的三项基本修炼

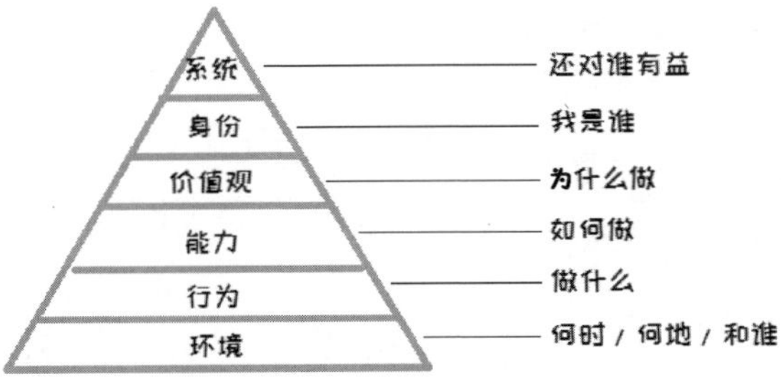

13.1 唤醒心中沉睡的英雄

——提问式对话唤醒下属潜能

我们来看一个对话。

下属：领导，这期课程报名情况不理想。

领导：这还不简单！你这样……照我说的去做就好了。

过了一天。

下属：领导，我照您说的去做了，没啥效果啊！

领导：你这样……照我说的再去试试。

下属：好的，我照您说的去做。不行的话我再找您！

我们再来看另一个对话。

下属：领导，这期课程报名情况不理想。

领导：关于这件事，你怎么看？

下属：我觉得有以下这些原因：首先……其次……最后……

领导：你分析得很全面！下面你想怎么做？

下属：我想这样去做：第一……第二……第三……

领导：还有呢？

下属：我觉得还可以这样……

领导：非常好！你打算先做哪件事呢？

下属：我打算先做……

领导：好，就按你说的去做！

你发现这两个对话有什么不同了吗？

在第一个对话中，决定都是领导做出的，下属不需要承担责任。在第二个对话中，领导没有直接给出答案，而是通过提问启发下属自己找到解决问题的办法。

如果决定是领导做出的，出了问题下属就可以说："这不怪我，是你让我这么做的！"

如果决定是下属自己做出的，他就要自己承担起责任。在分析问题和解决问题的过程中，下属的能力也会得到提升。

在 VUCA［易变（Volatility）、不确定（Uncertainty）、复杂（Complexity）和模糊（Ambiguity）］时代，领导已经很难运用自己的知识和经验来直接指导下属工作了。

只有下属自己才最清楚当下面临的问题是什么。他们之所以踟蹰不前，是因为"身在此山中"。他们被眼前的障碍困住了，意识不到自己具有解决问题的能力，也缺乏行动的力量。

领导要做的，就是用提问式对话帮助下属突破障碍，唤醒其内在沉睡的潜能。

领导要做的，就是用提问式对话帮助下属突破障碍，唤醒其内在沉睡的潜能。

提问式对话由四个步骤构成，简称"**GROW 模型**"。

- 明确目标（Goal）。
- 厘清现状（Reality）。
- 发现可能（Options）。
- 落实行动（Way Forward）。

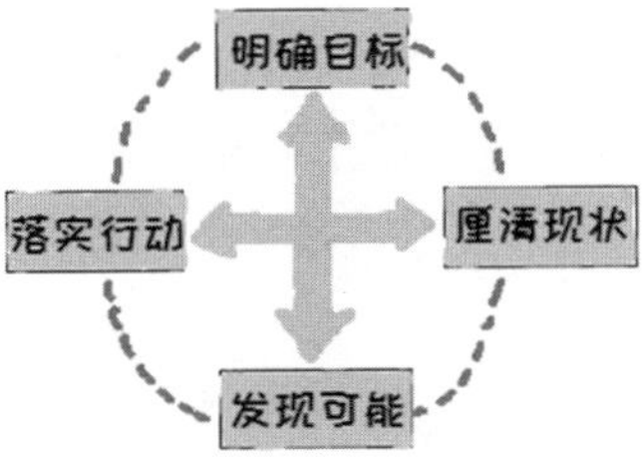

13.1.1　明确目标

一个人如果过度关注遇到的障碍，就会迷失方向，正所谓"一叶障目，不见泰山"。如果看不清方向和目标，人就会失去行动的动力。有句话说得好："如果一条船没有目标，任何方向的风对它而言都是逆风。"

如果一条船没有目标，任何方向的风对它而言都是逆风。

要想引导下属将注意力聚焦于目标，领导需要提出以下问题：

- 目标定义的问题。你想达成什么目标？对于你来说最重要的是什么？
- 目标扩展的问题。在达成这个目标的同时，你还可以达成什么目标？有什么方法能够既达到这个目标又达到那个目标？
- 目标动力的问题。达成这个目标，对你和团队意味着什么？达成这个目标，能够给你带来什么？

13.1.2 厘清现状

如果有人问“到成都怎么走”，估计你会说“这取决于你从哪里出发”。

要想达成目标，先要了解当下面临的情况。厘清现状就是通过了解事实，确定有哪些因素影响下属潜能的发挥。

需要注意的是，在了解情况时要尽量少问“为什么”。因为“为什么”会在一些人心中勾起不愉快的童年记忆——“为什么把房间搞得这么乱？”“为什么这么马虎？”“为什么这么贪玩？”……

有了这样的记忆，很多人会把“为什么”和批评、责备联系起来，于是马上开始自我防御，找各种理由为自己辩解。

厘清现状应当多用“什么”和“怎么”来提问。

- 简单了解情况的问题。发生了什么情况？到目前为止你都做了些什么？
- 激发深入探究的问题。对于发生的这些事情，你怎么看？发生这些情况的原因是什么？有哪些是你本来可以做，但是还没做的？
- 启发换位思考的问题。如果你是对方，会怎么看这个问题？五年以后你会怎么看这个问题？

13.1.3 发现可能

下属之所以踟蹰不前，往往是因为受限于固有信念，看不到更多的可能性。领导需要拓展下属的视野，启发他们深入思考。

在领导的不断启发下，下属就会产生大量的创意，有的创意看起来甚至有些“疯狂”。下属会发现“方法总比问题多”，从而获得跨越障碍、达成目标的力量，高质量的解决方案也会应运而生。

在这个环节中，领导要通过提出问题，帮助下属发现可以利用的丰富资源。

- 探寻想法的问题。你想到了哪些方法？还有哪些呢？从效率、效果综合分析，你倾向于哪个方法？
- 借鉴经验的问题。以前遇到类似的情况你是怎么处理的？除了我，你还可以在谁那里获得建议？
- 获取资源的问题。要想达成目标，你需要哪些资源？你可以从哪里获取这些资源？
- 假设条件的问题：如果没有任何资源上的限制，你会怎样做？假设你的目标最终顺利达成了，你是怎么做到的呢？

13.1.4　落实行动

就算知道了该怎么做，如果不落实到具体行动上，下属也无法达成自己的目标。

在对话的最后，领导需要下属承诺工作计划并约定监督机制，激励下属迈出走向目标的第一步。

激励行动的问题包括：

- 行动决心的问题。从最低的 1 分到最高的 10 分，你完成工作计划的确定性会是几分？假如 3 个月后我们再来看你的工作计划，你觉得完成的百分比会是多少？
- 行动计划的问题。下面你打算怎么行动？你打算什么时候开始行动？你的第一步行动是什么？接下来呢？
- 监督支持的问题。你将如何向我汇报工作？我怎样才能知道你的进展？有谁能督促你完成工作计划？

管理者不应该仅仅是答案给予者，而要更多地扮演问题提出者的角色。领导需要通过提问给下属带来启发，让他们增强信心、充满力量，达成期待的目标，成为自己的英雄！

道生老师敲黑板

- 提问式对话的好处在于：________________________________。
- “GROW 模型”由四个步骤构成：______________、______________；______________、______________。
- 在了解情况时尽量不要问“为什么”的原因：______________________。
- 与“明确目标”有关的问题有：__________________________。
- 与“厘清现状”有关的问题有：__________________________。
- 与“发现可能”有关的问题有：__________________________。
- 与“落实行动”有关的问题有：__________________________。

道生老师留作业

- 找到一位同事，就各自在工作、生活中遇到的问题和困惑，遵循“GROW 模型”的四个步骤彼此进行启发。
- 在“GROW 模型”的四个步骤中，除了书中所示问题，你还想到了哪些问题？

13.2 好问题带来好答案

——如何提出有激发力的问题

在本书 13.1 节中你可能已经发现，提问是唤醒下属潜能的强有力的工具。

我们的大脑有一个特性：只要听到一个问题，就会不由自主地搜索答案。如果你问自己“今天我要见谁”，大脑就会在日程安排中搜索。如果你问“为什么我总是这么倒霉”，大脑也会给你找出一大堆诸事不利的理由。

> 好问题能够帮助我们明确前进的目标，打破思维的禁锢，发现更多的可能，采取积极的行动。

大脑给出怎样的答案，取决于你提出怎样的问题。

好问题能够帮助我们明确前进的目标，打破思维的禁锢，发现更多的可能，采取积极的行动。

那么，哪些问题才是好问题呢？

13.2.1　开放的问题

请比较下面两组问题有什么区别。

（1）你同意在上海再开五家门店吗？

下午三点开个会，你看可以吗？

（2）关于在上海新开门店的事，你怎么看？

你看咱们什么时候开个会？

你可能已经发现：前一组问题是封闭式问题，答案只能是“是”或“否”；后一组问题是开放式问题，回答者可以任意表达自己的观点。

开放式问题的好处是可以激发回答者提供更多信息。回答者可以自由而开放地表述自己的观点，并在回答的过程中开展深入的探索。

概括地讲，开放式问题有两大类——关于“什么（What）”的问题和关于“如何（How）”的问题。

1．关于“什么（What）”的问题

- 你想达成什么目标？
- 什么时间可以完成？
- 可用的资源有哪些？
- 第一件事你会做什么？

2．关于“如何（How）”的问题

- 如何才能达成目标呢？
- 如何才能获得更多资源？
- 你觉得该如何做呢？
- 你会如何行动？

领导如果善于使用开放性问题，就能够引导下属摆脱限制性思维的局限，点燃灵感与创意之火，开展积极主动的思考和行动。

13.2.2 假设的问题

假设你正准备参加一个高级岗位的竞聘。

如果我问你“这次竞聘能成功吗”，你可能会回答，“不好说，试试看吧”或者“把握不大”。

如果我换一种方式问你“假设你的竞聘取得了圆满成功，请你告诉我，你是如何做到的”，对于这个问题，你又会如何回答呢？

第一个问题是关于“是否”的。当被问到“是否成功”的时候，你的头脑里就会出现“有可能不成功”的暗示，答案就可能是负面的。

第二个问题则包含了一个假设：期待的结果已经发生了，你的目标已经达成了。你现在是以成功者的身份回看自己成功的历程。这会给头脑带来积极的暗示，答案也自然会是积极正向的。

> 假设的问题将注意力的焦点从“可能性”转向了“实现的途径”。

假设的问题将注意力的焦点从“可能性”转向了“实现的途径”——你不再想“我能不能做到”，而是想“我该如何做到”。

不要问“我会成功吗”，而要问“我要做些什么，从而取得成功”。

不要问“他们会欣赏我吗”，而要问“我该如何展现我的魅力，从而让他们欣赏我”。

不要问“万一失败了怎么办”，而要问“我该如何做，才能让这次机会实现其宝贵价值”。

在积极问题的引导下，你会开始寻找积极正向的答案，你会发现各种资源和可能性，从而进入充满正能量和创造力的状态！

13.2.3 动机的问题

你刚刚参加了一次职场表达能力的培训课程。有人很感兴趣，于是向你提出了六个问题：

- 课程在哪里举办，多长时间，有多少人参加？
- 你在课堂上学了什么，做了哪些练习？
- 提高职场表达能力可以给你的工作带来哪些好处？
- 为什么提高职场表达能力对你这么重要？
- 优秀的职场表达能力会让你成为怎样的人？
- 当你提高职场表达能力后，谁会因此而受益？

你感受到这些问题有什么不同了吗？

显然，前两个问题是关于5W2H（What，Where，When，Who，Why，How，How much）的。你据实回答即可，没有什么难度。

第三个问题是关于收益的，你可能需要稍稍费点儿力气总结归纳一下。

对于第四、第五、第六个问题，你会发现答案很难脱口而出了。你可能需要好好思考一下，或许会有一些新的发现……

为什么会有这样的差别？

心理学家将逻辑思考分为六个层次，称为“逻辑矩阵”。

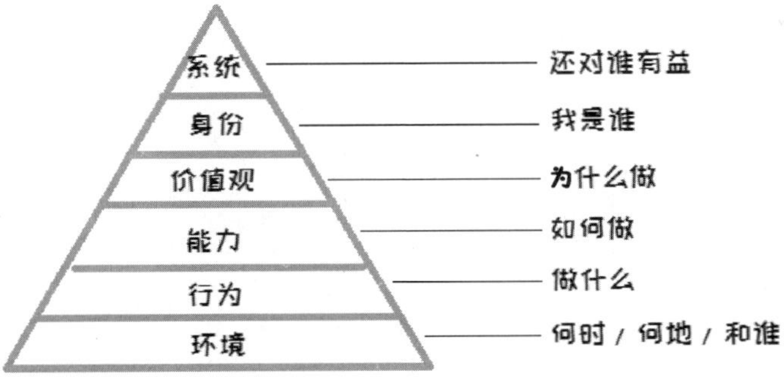

六个层次自下而上依次为：

- 环境——外在的环境和条件（何时，何地，和谁）。
- 行动——具体的行为（做什么）。
- 能力——需要具备的能力（如何做）。
- 价值观——重要性和意义（为什么做）。

- 身份——定位和角色（我是谁）。
- 系统——与他人的关系和影响（还对谁有益）。

在这个模型中，下面的三个层次描述的是做事的行为和方法；上面的三个层次则反映了做事的目的和动机。

一个正常的成年人如果肯耗费时间和精力做一件事，背后一定是有某种动机的。因此，“逻辑矩阵”上三层的内在因素决定了下三层的外在表现。

如果在“逻辑矩阵”上三层中，也就是价值观、身份、系统层面提出有力的问题，就能够激发一个人对于行为背后的意图和动机进行探索，从而在行为层面拥有恒久的驱动力。

> 对于意图和动机的探索，能够为一个人带来行为层面的恒久的驱动力。

开启“逻辑矩阵”上三层探索的问题包括但不限于：

1．价值观层面

- 这件事为什么对你这么重要？
- 达成这个目标能给你带来什么？

2．身份层面

- 如果你做了这件事，别人会如何评价你？
- 如果你做了这件事，你会如何看待自己？

3．系统层面

- 如果你做了这件事，谁会是最大的受益者？
- 如果达到这个目标，将会如何影响你的生活？

当明白了自己做事的目的和意义时，人才会有持续的激情和长久的行动力，遇到困难才会有面对的勇气。

洞悉问题真相，开启自我探索，激发潜藏的内在动力，这一切都取决于一个好问题。

> 洞悉问题真相，开启自我探索，激发潜藏的内在动力，这一切都取决于一个好问题。

管理者不仅要善于解决问题，更要成为提出好问题的高手，成为启迪智慧、激发能量的高手！

道生老师敲黑板

- "好问题"具有什么作用？______________________________。
- 开放的问题有哪两大类？______________、______________。
- 假设的问题的特点：______________________________。
- 动机的问题包括哪三类？__________、__________、__________。
- "逻辑矩阵"的六个层次：__________、__________、__________、__________、__________、__________。
- "逻辑矩阵"上三层和下三层的关系：______________________________。

道生老师留作业

- 开放的问题有两大类，请你针对每一大类各写出五个问题。
- 请将下面的问题转化为假设的问题。

  （1） 我的表达能力会提升吗？

  （2） 领导能看到我的付出吗？

  （3） 我能成为一名优秀的管理者吗？
- 关于价值观、身份、系统层面的问题，除了书中提及的，你还能想到哪些？

13.3　沟通高手的技能

——沟通高手的三项基本修炼

人们往往认为，所谓沟通能力强就是口才好。

有些人的口才非常好，善于把任何沟通场合变成自己的"主场"。他们只顾自己讲得爽，不在意自己讲的东西别人是否感兴趣。这样的人并不受欢迎，因为他们不关注别人的感受。在他们的世界里只有自己，没有别人。

还有一些人，他们不怎么讲话，可是就像掌握了某种魔法，别人都非常喜爱他们、信任他们，喜欢和他们在一起，愿意向他们吐露心声。这些人才是真正的沟通高手。

这些沟通高手之所以拥有这样的魅力，是因为他们都有三个技能：**倾听**、**回应**和**反馈**。

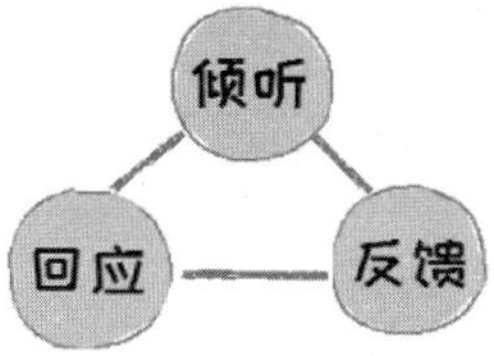

13.3.1 倾听

在英语中，“听”和“听见”是两个词，分别对应“listen”和“hear”。很多时候我们“听”却没有“听见”。

- 假装在听别人讲话，人在当下，思绪却飞到了远方。
- 别人讲的内容引起了内心的共鸣，开始联想自己的经历。
- 一边听一边在心里批判：“你说的不对！这不可能！”

之所以“听而不见”，是因为有一个强大的“我”存在：我的事情、我的感受、我的判断……当一个人把自我放在很重要的位置时，就很难听到别人说什么了。

如果放下自我，全身心地与对方在一起，我们可以在语言之外听到很多更深层次的内容。这种聆听的方式叫作“**3F 倾听**”（“3F 倾听”工具由韩国 Paul Jeong 博士开发）。

> 如果放下自我，全身心地与对方在一起，我们可以在语言之外听到很多更深层次的内容。

“3F”是指：

- 事实（Fact）——对方说了哪些事实和观点。
- 感受（Feel）——对方的语言表达和肢体动作在传递什么情感。
- 意图（Focus）——对方心里的真正意图是什么。

举个例子。有一天下属小李找到你说："在刚刚结束的项目中我做了很多工作。可是在总结会上组长表扬了好几个人，就是没提我的名字！"

如果使用"3F 倾听"工具，从小李的讲话中你都听到了什么？

事实——组长在表扬的时候没提到小李。

如果认真感受，你会从小李讲话的表情和语气里感知到他的情绪——委屈，也有一些愤怒。

你可以揣测小李找你反映情况的意图——小李可能希望你能出面公平地处理这件事情。

"3F 倾听"使你的倾听不再从自我出发，也不再浮于表面。你会开始尊重面前这个活生生的人，努力体验他所经历的情感，尝试走进他的内心世界。

13.3.2　回应

你是否有过这样的经历？你正兴致勃勃地讲一件事，忽然发现对方心不在焉、毫无反应，于是一下子失去了继续讲下去的动力……

每个讲话的人都期待得到回应。诉说得不到回应，就如同对着墙壁说话一样索然无味。

一位外国沟通专家在书里讲了这样一个故事。

有一次他坐飞机的时候，身边恰好坐了一位老妇人。一路上，老妇人絮絮叨叨地讲了很多生活中的烦恼。下飞机的时候，老妇人感激地说："太感谢你了！你让我清晰了很多，现在我的很多问题都解决了！"

这位专家在书里写道："我发誓，那天除了'嗯嗯''还有呢'，我几乎什么都没说！我只是在听，这位夫人在讲述中自己完成了梳理和觉悟！"

这位专家运用的就是回应的技巧。

所谓回应，就是在倾听时发出与对方保持同步的信号。回应有以下几种方式：

- 简单确认。在对方讲话的间隙，用简单的语气词或语句响应，如"哦""嗯""我明白""有道理"。
- 重复关键词。每隔几句话，就重复一下对方刚刚讲述内容中的一个关键词，如"很重要""不开心"。

- 总结内容。在对方结束一段讲述后，对听到的内容做一个简单的总结，如“你做了很多事，可是领导没表扬你，对吗”。
- 同理情感。表示自己理解对方的感受，如“我猜你现在很委屈，对吗”“所以你很愤怒，是不是”。

回应不代表你赞同对方的观点，而是表示你尊重对方的想法和感受。只有当对方感到被理解、被尊重时，才会把内心最真实的想法说出来。

> 回应不代表你赞同对方的观点，而是表示你尊重对方的想法和感受。

13.3.3 反馈

沟通是双向的过程。你需要在适当的时候做出反馈，表明你的态度。

说到反馈，人们通常会有以下几种行为：

- 建议。如“你直接跟组长说”“你应该照我说的去做”，这样的建议很容易令对方愤怒。
- 安慰。如“没事儿，大家都看在眼里了”“过去就过去了，别放在心上”。这样的安慰看似好心，其实无视对方正在经历的痛苦，是对当事人感受的漠视。
- 批判。如“就这点儿事，还值得大惊小怪”“你做得肯定有问题”。批判是从自己的好恶立场出发指责对方，会给对方带来双重的打击。

高明的沟通者会采取另一种反馈形式——探寻。

所谓探寻，就是在“3F 倾听”的基础上，不带主观偏见，仅仅怀着探索的心态验证自己的判断。

> 所谓探寻，就是在“3F 倾听”的基础上，怀着探索的心态验证自己的判断。

还是以开头的事件为例。你可以问小李下面这些问题：

- 你感到很委屈，是吗？
- 你想知道发生了什么，对吗？
- 你期待自己的付出能够得到承认，对吗？
- 你期待我能做一些什么，是吗？

如果你的判断是正确的，对方就会回答“对呀，我就是这个意思”或者“其实也没什么，我就是想发泄一下”。

无论怎样，你都表达了你对他的感受和需要的尊重。对方会觉得你很“懂他”，就有可能放下对你的戒备，出于信任和理解向你吐露更多的心声。

道生老师敲黑板

- “听而不见”的原因是什么？________________。
- “3F倾听”工具包括三个要素：________、________、________。
- 回应的方式：________、________、________、________。
- 哪些反馈方式不受欢迎？________、________、________。
- 所谓探寻，是指________________。

道生老师留作业

- 请使用“3F倾听”工具，分析下面这些表达所体现的事实、感受和意图。

  （1）你怎么能这样，居然招呼都不打就调我手下的人去给你做事！

  （2）我已经受够你了，我无法跟你正常沟通！

  （3）你这样做，就不想想别人怎么看你？
- 请使用探寻的方式，对上述的表达分别给予反馈。
- 在下属向你反映问题、表达不满、诉说困惑的时候，有意识地使用倾听、回应、反馈工具，体会谈话氛围和效果有什么不同。

第十四章

真诚沟通进退得法

*　如何润物无声地说服下属

*　如何让批评更容易被接受

*　绩效反馈如何沟通有效果

*　如何让下属感知你的真诚

*　给“90 后”员工布置任务的秘诀

14.1　你是个“心灵捕手”吗

——如何润物无声地说服下属

先做一道填空题：没有人能够被说服，除非____________________________。

人生无处不说服。善于说服别人的人，能够处处体现自己的影响力，自然容易成为人生赢家。

人人都在寻找说服别人的魔法：有人认为有道理就能说服，有人觉得逻辑严谨就能说服，还有人想学诱导话术、催眠术……

然而，这些都是舍本逐末的做法。决定说服效果的，从来不是如何说话，而是心灵的连接。

> 决定说服效果的，从来不是如何说话，而是心灵的连接。

《三国演义》第 25 回张辽劝降关羽，可谓史上最成功的说服案例之一。我们来看看张辽是怎么做的。

曹操将刘备、关羽、张飞三兄弟击溃后，关羽被曹操大军围困但誓死不降。曹操爱才心切，想派人劝降关羽。张辽与关羽平素交好，遂自告奋勇前去劝降。

在土山上，张辽对关羽说：“如果你一死了之，会有三罪。

第一罪，当年刘备与你结义誓同生死，现在刘备生死未卜你就战死，岂不是违背当年结义誓言？

第二罪，刘备把两位夫人托付于你，如果你死后两位夫人受到侮辱玷污，你岂不有负刘备托付？

第三罪，你本立志匡扶汉室，可是现在天下未定你就先死了，试问你在九泉之下如何去见天子和兄长？”

张辽一席话说得关羽哑口无言。张辽抓住时机劝说：“你不如暂时归顺曹丞相，待日后打听到刘备的下落，再去投奔他也不迟。如此会有三便。

第一便，可以不负桃园之誓。

第二便，可以保护两位嫂夫人的安全。

第三便，留得英雄之躯，待来日匡扶汉室。”

张辽这番话说服了关羽。他听从了张辽的建议，暂时归降了曹操。

张辽可谓说服高手。他抓住了关羽的深层次需求，并且让关羽看到满足需求的更合理的路径，让关羽做出了自主的选择。

张辽使用的说服方法，我们也可以借鉴使用。这个方法叫作“**ABC 说服法**”，包括接纳（Accept）、扩展（Broaden）、选择（Choose）三个步骤。

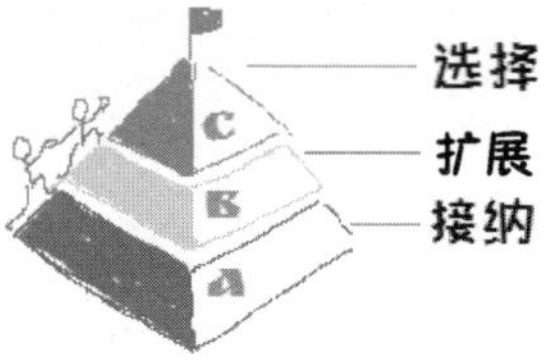

14.1.1　接纳

假设下属小文找到你说“我要离职”，小文是公司的业务骨干，你自然不会轻易让她离开。

于是你说：“为什么辞职？公司待你不好吗？”或者“现在的行业形势下，你离职不是很明智。”你觉得能说服她吗？

如果把沟通比喻成一座桥，持不同立场的双方就如同站在桥的两端。如果我们朝对方喊：“你站错地方了，快到我这边来！”对方会自动过来吗？当然不会！

说服无效的原因并不是没把道理讲清楚，而是劝说者傲慢地踞守在自己的立场之上，没有替对方着想。

要想说服一个人，先要表达对其想法和行为的理解和接纳，同时探究其背后隐藏的真正需要。

> 要想说服一个人，先要表达对于其想法和行为的理解和接纳，同时探究背后隐藏的真正需要。

张辽劝降关羽时根本不提“重赏”“封官”，因为他深知关羽的深层需要是“忠义”。

如果你了解小文的为人，你就可以说：“我知道你是一个积极追求成长的人。你入职四年来，一直在关键岗位上兢兢业业，你的才干已经超出了你的职位和待遇，因此我非常理解你追求更大发展空间的需求。我相信你提出辞职是经过慎重考虑的，并且有深层次的原因。可以跟我分享一下吗？看我能帮你做些什么。”

当感受到你的接纳和理解时，对方才有可能对你敞开心扉。

14.1.2　扩展

假如站在山脚下，你就有可能被困在一片树林里无处可去。

可是如果登到半山腰，你就会发现隐藏在树林后面的道路。

如果继续攀登走到山顶，你会看到眼前豁然开朗，居然还有那么广阔精彩的世界！

爱因斯坦说过："你无法在产生问题的同一个思维层次上解决问题。"

每个人做出的决定，都是在他眼里的唯一或者最佳选择。说服对方，就要帮助对方打开视野。

还记得在本书 13.2 节中提到的"逻辑矩阵"吗？要想说服对方，你就要引导对方"上山"，站在更高的层次上看待问题。

> 要想说服对方，你就要引导对方"上山"，站在更高的层次上看待问题。

关羽只是看到了"忠"，这是站在"价值观"层面。

张辽引导关羽站到"系统"层面，让他看到除了他本人，还有兄弟的生死约定、家眷的命运安危、匡扶汉室的伟大使命。如果关羽以死相拼，其他相关人的利益都会受到影响，自己也会留下不忠不义的恶名。关羽如梦方醒。

回到小文的例子。假设通过交流，小文告诉你她想跳槽去大公司（行为层面）。你可以通过不断追问"你这样做的目的和意义是什么"来探寻她背后的意图。

小文会告诉你，她想成为优秀的市场策划人员（身份层面），为此需要提升自己的核心能力，而大公司可以提供更多学习和锻炼的机会（能力层面）。

现在你就可以得出结论：小文跳槽的目的是成为一名优秀的市场策划人员。在她看来，只有去大公司才能达到这个目的。你需要做的，就是引导小文站在高处向下俯瞰，让她看到达到目的的路径不止一条。

你可以启发小文："还有哪些方法，可以让你不用跳槽就能获得你需要的能力呢？"

14.1.3　选择

你可以告诉小文，除了跳槽，其实还有很多方法可以快速提升核心能力。例如，成为公司新组建部门的负责人，带领一支团队；作为项目负责人，牵头公司重大项目的实施；代表公司参加业内论坛进行学术交流等。公司也可以为她提供在职培训的机会。

在说服的时候，你要尽可能让对方看到三种以上的收益，以满足其不同层次和方向的需求。

> 在说服的时候，尽可能让对方看到三种以上的收益，以满足其不同层次和方向的需求。

张辽在劝降关羽时，阐述投降曹操有“三便”。同样，你也要替小文分析不同方案的利害得失，以便她做出选择。

“现在去大公司，以你目前的身份需要从基层做起，可能很久不能得到期待的位置。大公司的分工非常细致。你去了以后，从事的业务领域可能变得狭窄，接触不到全面的业务，也就无法拥有相应的权力和机会。

留在公司继续发展则有三个好处。首先，你将涉足新的业务领域，迎接重大项目的挑战，发展空间非常大；其次，你有领导的信任和欣赏，在公司人脉和资源保障上占据优势；最后，如果在新的岗位和业务领域中做几年再跳槽，你的价值就会显著提升，那时就会以‘专家’身份被人挖走，而不是应聘了。”

相信在你的开导下，小文能够做出做合理的选择。

真正的说服，不是把你的想法强加给对方，而是帮助对方澄清自己真正的需要，发现更多的可能性，做出对他最有利的选择。真正的说服不是你改变了他人，而是你帮助他人改变了他自己。

> 真正的说服不是你改变了他人，而是你帮助他人改变了他自己。

对于那道填空题，你现在有答案了吗？

道生老师敲黑板

- “ABC说服法”的三个步骤：______________、______________、______________。
- “接纳”的要点：____。
- “扩展”的要点：____。
- “选择”的要点：____。

道生老师留作业

- 关于本文开头的问题，你的答案是什么？
- 对于“心灵的连接决定说服效果”这句话，你是怎么理解的？
- 为什么说“要想说服对方，就要引导对方站在更高的层次上看待问题”？
- 如果一位下属找到你，抱怨他的领导布置任务总是含混不清，甚至朝令夕改，你该如何开导他呢？
- 你还知道哪些高明地说服他人的故事？

14.2　批评是一门艺术

——如何让批评更容易被接受

“玉不琢，不成器。”如果想让下属按照你的要求做事，达成你期待的目标，就要善于运用批评来矫正、规范下属的行为。

然而，批评下属不是一件简单的事——重了伤感情，轻了没效果。

有了错误，批评是必然的。可是批评的负面影响不是必然的，关键在于你是否掌握了“批评的艺术”。接下来，我将和大家分享能够让下属心甘情愿接受批评的 **“PIX 批评法”**，包括指出问题（Point out）—描述后果（Impact）—表达期待（Expectation）。

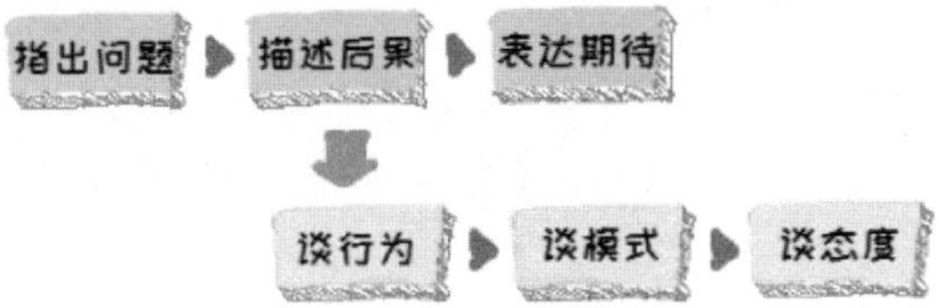

14.2.1　指出问题

你要明确指出，下属做了什么令你不满。

有人说，批评要对事不对人。这种说法是值得商榷的。

如果是初犯，批评当然要对事不对人；如果是屡犯，恐怕就不是行为层面的问题了，你必须让下属深刻认识到问题根源，否则类似的错误仍然不可避免。

你必须让下属深刻认识到问题根源，否则类似的错误仍然不可避免。

和大家分享一个区分问题性质的“**BPA 模型**”。

1．当问题初次出现时，谈行为（Behavior）

举个例子。如果在下属提交的报告中有严重的数据错误，你可以提醒：“你在这里出现了一个不该有的错误。”此时你就事论事，谈的只是具体事实。

2．当问题再次出现时，谈模式（Pattern）

当这个下属又一次出现严重的数据错误的时候，你就要对他说：“你已经第二次出现相同问题了，我觉得你处理数据的方法需要优化。”此时你谈的是工作方法。

3．当问题持续出现时，谈态度（Attitude）

如果下属持续出现同样问题，你就要郑重表态：“我觉得你的工作态度需要改变。”此时，你已经在发出严肃警告了。

14.2.2 描述后果

接下来，你需要指出下属的行为给组织和个人造成的后果。

如果是行为层面的问题，你需要指出这次行为造成的直接后果是什么，例如：“你在这里出现了一个不该有的失误。在汇报时被总经理发现了，搞得我很没面子。”

如果是模式层面的问题，你需要指出下属的工作方法对其工作质量的长远影响，例如：“我觉得你处理数据的方法需要优化，否则很难保证工作质量。”

如果是态度层面的问题，你需要指出对方的工作态度对其职业前途的危害。例如，“我觉得你的工作态度需要改变。如果你不深刻反省并立即改变的话，我真的要考虑你是否适合这个岗位了。”

14.2.3 表达期待

最后，你需要提出对下属改进工作的具体要求。例如，“下次将数据交给我之前，一定要认真检查”“你需要认真分析现有的数据处理方法，看哪个环节容易出问题”“你必须立即端正工作态度”。

批评或多或少会给下属带来精神负担，有些人会因此产生强烈的自我谴责和自我怀疑。为了让下属从挫折中走出来，你要表达对他的信心和期待，让批评在积极正向的氛围中结束。

> 你要表达对下属的信心和期待，让批评在积极正向的氛围中结束。

你可以说，“我相信你一定能改正缺点”“我想你一定会让我满意”。这样，下属就能在领导积极正向的意图激励下，重新获得改善和提升的动力。

最后分享批评下属时需要遵循的“四项基本原则”。

原则一　及时反馈

和赞美一样，批评同样有“保质期”。下属犯了错，领导需要在第一时间指出，这样才会起到警醒的作用。

有些领导平时看见下属的错误不吭声，而是把一笔笔小账记在心里，最后终于有一天按捺不住一股脑翻出来。这种“秋后算账”的批评方式是最不可取的。

随着时间的推移，下属会淡化对自己过失的感受，或者自认为做了一些事进行了补偿。如果领导过了很长时间重提旧事，下属就会觉得领导是刻意否定自己，从而心生怨气。

原则二　注意场合

人人都好面子，没人愿意在大庭广众之下被人批评。如果当着同事的面被领导批评，下属往往不会认为这是善意的提醒，而是会视为当众羞辱。这种情况下，即便心里知道领导说得对，下属也可能为了维护面子而与领导发生对抗。

因此，除非想“杀一儆百”，批评应该采取面对面沟通的方式，在私下里一对一进行。

原则三　保持亲和

严厉冰冷的语调会让下属产生抗拒、关闭心门。

批评的时候不妨音调低一点儿，音量小一点儿，语气柔和一点儿，让下属感受到更多的包容。批评要建立在亲和与尊重的基础上，才容易被下属接受。

> 批评要建立在亲和与尊重的基础上，才容易被下属接受。

面对面讲话含有对立的意味。你可以考虑和下属呈 90 度角斜向而坐。这个姿态暗示了“我们来共同面对这个问题”。有一些肢体上的接触，例如，偶尔轻拍同性下属的肩背，也会显得更亲切。你可以利用肢体语言的暗示作用，营造亲和的沟通氛围。

你也可以在沟通中适当摆出低姿态。例如，“我也有一定的责任，我应该先检查一下你的报告”“我应该平时多给你一些辅导”“我平时可能对你的关注不够”，等等。当领导展开自我检讨后，下属肯定更容易虚心接受批评。

原则四　评价客观

有些时候，领导会在不经意间给下属“贴标签”。例如，“你总是这么不认真”“你总是缺少团队精神”。“贴标签”的时候，我们会把问题归因于人格品质，因为一件事就给整个人定了性。

“贴标签”的危害很大。一方面，领导容易对下属形成主观成见；另一方面，下属会感到人格受到了贬低，结果要么强烈反击，要么陷入消沉。

我们可以说“你需要认真一些”，而不应该说“你总是这么不认真”。

我们可以说“我觉得你的逻辑架构需要优化”，而不应该说“你这个人逻辑混乱”。

我们可以说“我觉得你对工作的态度需要转变”，而不应该说“你没有责任心”。

高明的管理者不仅让批评产生激励的效果，还能让下属感受到宽容和尊重，下属会因此乐于按照领导的期待来改变自己。

批评是一门艺术，体现了一个管理者的领导才能！

道生老师敲黑板

- “PIX 批评法”包括三个步骤：__________、__________、__________。
- 在“BPA 模型”中，当问题初次出现时，谈__________；当问题再次出现时，谈__________；当问题持续出现时，谈__________。
- 批评下属时需要秉承的“四项基本原则”：__________、__________、__________、__________。

道生老师留作业

- 想象你的一个下属犯了错误。请你应用“BPA 模型”区分三种情景，使用“PIX 批评法”对他进行批评。
- 在你的生命中，哪个人对你的批评让你心悦诚服？其中体现了怎样的批评艺术？

14.3 绩效谈话谈什么

——绩效反馈如何沟通有效果

如果你在医院拿到一份包含各项化验指标的检验报告，可是医生不给你分析指标，也不告诉你病在哪里，如何治疗，你一定会感到困惑：我该怎么办呢？

同样，绩效考核时领导仅仅打个分数，下属也会感到茫然：我做得到底怎样？为什么会有这样的结果？以后如何才能做得更好呢？

这些问题都需要通过绩效谈话来回答。作为管理者，你需要通过面对面沟通给下属带来系统、透彻的“诊断”。

在这里和大家分享绩效谈话的“**智慧（WISE）模型**”，包括暖场（Warm up）、校准（Identify）、探究（Search）、共识（Engage）四个步骤。

14.3.1 暖场

绩效谈话最好以一对一的形式，在轻松的氛围中进行。

例如，你可以走出办公室，在咖啡厅找一个舒适安静的角落，沏上一壶茶，点两份点心。这样下属会更放松，谈话效果就会更好。

不论两个人之间有多熟悉，也不要上来就直奔主题，最好先根据对方的喜好寒暄几句。例如，“你这件衣服不错，在哪儿买的”“我在朋友圈里看到你去某某餐厅吃饭了，评价如何”“昨天晚上的比赛你看了吗”。

闲聊几句能够让双方的心情放松下来，在这方面花点儿时间是很值得的。

14.3.2 校准

所谓“校准”，就是俗称的“定调子”，即双方就谈话的目标和原则达成一致。在谈判中经常能听到“买卖不成仁义在”“我们要求同存异”的说法，这就是在“定调子”。

在绩效谈话开始之前，你也要与下属“校准方向”。例如，你可以说：

“我希望我们把这次谈话看作两个朋友之间的交流。我会把我的观察、分析和我的经验分享给你，我也相信你一定会和我一样坦诚。如果我有措辞不当或者与事实不符的地方，请你及时指出来，同时也请你相信我的善意。我们的共同目的是充分交换意见，使得我们将来配合得更好。”

当双方有了这样的共识，即便在沟通过程中产生了分歧，也能够积极调整自己的姿态，使谈话回到事先“校准”的方向上来。

14.3.3 探究

在探究环节中，你可以借鉴中医的“望、闻、问、切”诊断法，与下属共同分析现状、探究原因、总结经验教训。

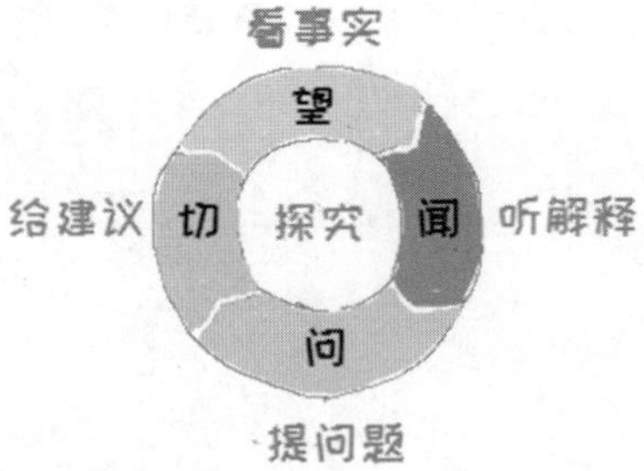

1. 望——看事实

你需要和下属回顾业绩指标及工作任务的完成情况。这里需要注意的是：

数据要准确。双方提供的数据都要有依据，不可以道听途说和主观臆测；如果双方掌握的数据不一致，需要仔细核对。

在探究环节中，需要使用“望、闻、问、切”引导下属自己发现问题、找到答案。

态度要客观。在这个环节中双方只需陈述事实，不需要探索原因，也不必急于开展批评与自我批评。

2. 闻——听解释

作为领导，此刻你需要克制点评的冲动。要知道，你一旦下结论就会先入为主，下属要么不敢说实话，要么就会顺着你的意思说。

你需要先听听下属是如何分析的。你可以说：“我想听听你对自己的业绩是怎么看的。”下属就有可能告诉你，他是如何分析和评价自己的业绩表现的。

3. 问——提问题

现在可以给建议了？还不是时候！

如果你直接指出下属的问题，他们可能会将信将疑，甚至会有逆反心理。

你可以问他“你那样判断的依据是什么”“你觉得是什么阻碍了你达成目标”“如果你那样做结果会怎样”。

通过提问，你可以帮助下属看到认知盲区，启发他们认清问题实质，并通过自己的努力找到答案。

4. 切——给建议

下属在你的引导下充分表达自己的想法，并达到你期待的认识高度后，你就可以给出建议了。

你需要从正反两个方面给出建议：既要肯定并鼓励员工发扬优点，也要指出其存在的不足并鞭策其改进。

这时，你的表态就不是居高临下的命令，而是对下属自己得出的结论给予确认，因此更容易令下属心悦诚服。

需要说明的是，“望、闻、问、切”在实际使用中并不总是一贯到底的。如果在谈话过程中发现哪里需要澄清，还可以反复进行。

14.3.4 共识

在共识阶段中，你需要与下属就下一步的提升计划达成一致。

你需要与下属明确下一阶段的工作目标，规划工作重点，并制订具体的实施计划。作为领导，你需要承诺做好“S.E.A”，即支持（Support）、鼓励（Encouragement）、问责（Accountability）。

最后，你整理面谈记录，请下属签字确认，并感谢下属的配合。

如此才是一次完整、深入、高效的绩效谈话过程。

绩效谈话不一定和绩效考核同步进行。根据下属的工作状态和业绩表现，你可以定期进行绩效谈话，也可以在工作进程中的任意节点与他们进行交流。

不论怎样你都要记得，下属是绩效谈话的主角。作为领导，你应当表现得“被动”一些——运用本书13.1节中介绍的提问式对话工具，通过提问鼓励下属多说，引导他们进行“自我诊断”。这样，下属才能通过绩效谈话获得真正的成长！

> 下属是绩效谈话的主角，领导应当表现得“被动”一些。

道生老师敲黑板

- 绩效谈话的“智慧（WISE）模型”包含哪些环节？__________、__________、__________、__________。
- 绩效谈话中的“望、闻、问、切”是什么？______________________________。
- 共识环节中的“S.E.A.”指的是：__________、__________、__________。

道生老师留作业

在与下属的绩效谈话过程中，使用下面的表格进行记录，检视自己是否完成了“智慧（WISE）模型”的规定动作。

<table>
<tr><td colspan="2">谈话对象</td><td></td><td>日期时间</td><td></td></tr>
<tr><td colspan="5">绩效谈话要点完成情况</td></tr>
<tr><td colspan="2">暖　场</td><td colspan="3">是　　　　　　否</td></tr>
<tr><td colspan="2">校　准</td><td colspan="3">是　　　　　　否</td></tr>
<tr><td rowspan="4">探　究</td><td>望</td><td colspan="3">业绩指标及工作任务的完成情况：</td></tr>
<tr><td>闻</td><td colspan="3">下属对原因的分析：</td></tr>
<tr><td>问</td><td colspan="3">启发式问题：</td></tr>
<tr><td>切</td><td colspan="3">总结和建议：</td></tr>
<tr><td colspan="2">共　识</td><td colspan="3">下一步的提升计划：

S.E.A.承诺：</td></tr>
</table>

14.4　真诚表达需要被看见

——如何让下属感知你的真诚

一位职场人曾向我抱怨："为什么我明明是真心诚意与下属沟通，他们却觉得我很假？我甚至都能从他们的眼神里感受到怀疑。"我请他把我假想成下属，当面鼓励我一下。

他一开口，我马上就找到了答案——讲话的内容都挺好，可是眼神和表情"出卖"了他，所以让人感觉言不由衷。

在本书 9.5 节中，我们介绍了"55-38-7 法则"——对方 55%的感受来自你的表情和肢体语言！因此，面部表情和肢体动作会在很大程度上影响一个人的可信度。

要想给人留下真诚的印象，不仅言语表达要真诚，你还要让别人"看到"你的真诚。

14.4.1 真诚的目光

看着对方的眼睛说话，是建立亲和关系最基本的要求。没有什么能够比坦诚、关切的目光更能拉近心理距离的了。

道理虽然挺简单，可是做起来却有些困难。除非两个人关系很亲密，否则长时间盯着对方的眼睛看，会给对方带来比较大的压力。很多人为了避免与对方对视，说话时目光就会不断漂移。

心理学家认为，一个人如果感到紧张不安，或者想掩盖什么秘密的时候，就会下意识地逃避别人的目光。因此，如果眼神飘忽不定，对方就有可能对你的真诚产生怀疑。

职场上要怎样注视对方，才能既表达真诚又不失礼貌呢？在这里分享几个方法。

如果是一般的沟通场合，可以在直视对方双眼几秒后，短暂地将目光移开片刻，然后再回到直视状态，过几秒再移开，如此反复。这种“**常规版**”的注视既能够表达尊重，又不会给对方带来压力。

在某些场合中，比如同事有了苦恼向你倾诉的时候，你需要表达出极度的认真和关注。这时就要使用“**加强版**”的注视了。

和大家分享三种“加强版”注视法。

1．聚焦法

“聚焦法”的要点是将目光聚焦在对方两个眉尖和鼻梁构成的三角区内。这样做的好处在于，你不需要直视对方的眼睛，但对方仍能感受到你的关注。

2．移动法

你想象对方双眼和嘴唇构成三角形的三个顶点。让目光在一个顶点停留几秒，然后出发到下一个顶点，停留几秒，再移动到下一个顶点，这样周而复始。要留意的是，目光的移动路线应该是随机的，这样会显得比较自然。

3．透视法

把你的目光想象成两束光线，将目光交汇的焦点落在对方脑后大约一尺远的地方。这时候你的目光是柔和发散的，对方就会感到很舒适。

14.4.2　真诚的微笑

要想让别人感受到你的真诚，除了温暖友善的目光，还有一个要诀——微笑。

我们都知道微笑的重要性。可是如果不得要领，微笑就可能变成假笑、皮笑肉不笑，“笑果”反而适得其反。

真诚的微笑要同时具备四个特征：**眼睛弯弯，颧骨隆起，露出上齿，表情对称。**

> 真诚的微笑要同时具备四个特征：眼睛弯弯，颧骨隆起，露出上齿，表情对称。

当一个人真诚地微笑时，眼睛会弯成月牙形，眼角也会出现皱纹。同时，颧肌收缩，带动颧骨向上方隆起，两个嘴角会自然翘起，形成俗称的“元宝脸”。如果眼睛和颧骨不动，仅仅是嘴角翘起，就成了“职业化的微笑”——笑容很优雅，但是显得不那么真诚。

如果做到了眼睛弯弯、颧骨隆起、嘴角翘起，但是嘴唇紧闭看起来会怎样呢？我们在很多走红毯的明星脸上可以看到这样的“微笑”。这样的微笑给人的感觉是挤出来的、敷衍作态的。

真诚微笑要求嘴巴要张开，露出上面一排牙齿。如果同时露出上下两排牙齿会怎样呢？那就不是微笑，而是开怀大笑了。

真诚的微笑还有一个特征，就是笑的时候左右脸的表情是对称的。如果一个人勉强装出笑的样子，就要有意控制自己的面部肌肉。人为控制的表情很难做到面部两侧平衡对称，会出现两边嘴角高低不一样的情况，看起来就会很不自然。

14.4.3　肢体语言

肢体语言被称为“无声的表达”。如果想给对方留下真诚的印象，肢体语言也是非常重要的一个方面。

要想表达真诚的态度，与人讲话时要做到“三正”——面正、胸正、足正，即面部、前胸、双脚正对谈话对象，这样才显得全情投入。

同时，无论坐立，双臂都要呈现开放的姿态。手臂交叉环抱在胸前的姿势，如同在双方之间构成一道无形的屏障，经常被视为防卫、拒绝、对抗的象征。

> 要想表达真诚的态度，与人讲话时要做到“三正”，这样才显得全情投入。

“手足无措”“抓耳挠腮”——手的动作往往会透露很多内心的秘密。在说话时一些下意识的动作，会让对方觉得你在撒谎或者有所隐瞒，所以应该尽量避免，例如：

- 交谈时用手遮挡嘴巴。
- 将手指放在双唇之间。
- 不时抚摸自己的鼻子。
- 说话的同时抚弄耳朵。
- 反复挠抓自己的脖子。
- 经常地用手整理衣领。

为什么会出现“明明话说得很到位，可是对方就是不领情”的情况？问题就出在面部表情和肢体语言上——你的表情和动作所传递的信息与话语不一致！

想让别人感受到真诚，就要让自己的表情和肢体语言呈现出真诚，让对方能够“看到”你的真诚。

道生老师敲黑板

- “常规版”注视的要点：________________________________。
- “聚焦法”注视的要点：____________、____________、____________。
- “移动法”注视的要点：____________、____________、____________。
- “透视法”注视的要点：____________、____________、____________。
- 真诚微笑的四要素包括__________、__________、__________、__________。
- “三正”指的是：____________、____________、____________。

道生老师留作业

- 找到一位同事或朋友，分别采用“常规版”注视法和三种“加强版”注视法和他/她作对视练习，时长各1分钟，然后分享你们的感受；尝试找到你最喜欢的注视方法。
- 一个人对着镜子练习微笑，注意自己的表情是否体现了真诚微笑的四个特征。找到最适合自己的真诚笑容，记住脸上每个相关部位肌肉的感觉。
- 每天向至少十人展示你的真诚微笑，同时留意他们是否也以微笑回应你。
- 用手机把自己的真诚微笑拍下来，每天有时间就多看看，提醒自己时常微笑。

14.5　只为欣赏的人绽放

——给“90后”员工布置任务的秘诀

经常听到管理者感叹：“这届员工不好带！”

布置任务被质疑，提出观点被挑战，出不出力看心情，一不开心就拜拜……这些“70后”“80后”员工想都不敢想的行为，在“90后”员工身上居然屡见不鲜。

如今，“90后”员工已经成为职场的中坚力量，“00后”即将登上职场的舞台。对于职场上的这群新新人类，该如何“解锁”他们的积极性和创造力呢?

如果你也对这个问题感到困惑，那就来学习给“90后”员工布置任务的“**港铁原则**”吧。它包括赋予意义（Meaning）、充分信任（Trust）、表达尊重（Respect）。

为什么叫“港铁原则”呢？因为它的简称MTR，跟香港地铁（Mass Transit Railway）的英文缩写是一样的，是不是很好记呢?

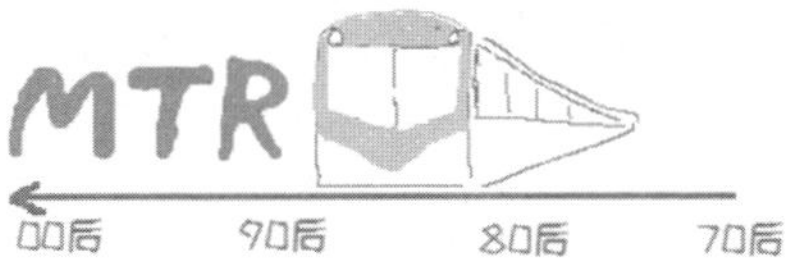

14.5.1 赋予意义

同样是布置任务，“80 后”员工通常会说：“好，我马上去做。”“90 后”员工则很可能会瞪大眼睛问：“为什么要这么做？”

“90 后”员工在接到任务后先考虑的是“这件事究竟有什么意义”。对于他们而言，做事要有一个能说服自己的理由。如果他们认为有价值、有意义，才会有兴致去做，否则就会表面应付，甚至公然违抗。

> 给“90 后”员工布置任务时，要让他们了解这个任务对于组织和个人的意义和价值。

因此，在给“90 后”员工布置任务时，除了给予清晰、详细的指示，领导还要特别说明“为什么要这样做”，让下属了解这个任务对于组织和个人的意义和价值。你要记得说“**这非常重要**”。

例如，你指派“90 后”员工负责一个投标项目的支持保障。如果你只是说“你去项目组帮个忙”，他可能会很抗拒：“凭什么让我去干这些打杂的事？”

如果你能够让他了解做这件事的意义，情况就会不同。

“这次投标对公司非常重要。我们刚刚进入这个行业，这次投标具有标杆示范作用。你虽然年轻，但我希望你能全程参与，从中了解行业特点，熟悉招标业务。等你上手了，今后这个行业的投标我会交给你牵头。”

如果“90 后”员工知道了任务的意义有多重大，对他的发展有很大价值，他的角色有多关键，就很可能会激发他做事的热情。

14.5.2 充分信任

“90 后”员工的成长环境普遍比较优越，在物质层面的需求通常并不是特别强烈。相比较而言，他们更加看重的是得到他人的认可和赞赏，满足自我实现的需求。

尽管经验还不够丰富，他们仍然期待能够被委以重任、独当一面，彰显自己的能力和价值。“90 后”员工最反感的，就是领导认为他们不成熟、不可靠，在工作上不信任、不放手，甚至干脆不给尝试的机会。

> 让“90 后”员工负责某一项工作，要在风险可控的前提下，尽可能地赋予他们更大的自主权。

因此，如果让“90 后”员工负责某一项工作，你就要“用人不疑”——在风险可控的前提下，尽可能地赋予他们更大的自主权，这样才能激发他们的主动性和创造力。在布置任务时，你要记得说**"我相信你"**。

例如，集团公司派一个工作组到你这里检查工作。你就要这样对"90后"员工布置任务：

"这次接待工作我交给你来负责。具体会议组织、交通食宿、参观接待，包括馈赠礼品事宜你全权负责，对内对外的协调沟通我也交给你。我相信你一定能做得非常好！你起草一个方案，下周一跟我碰一下。在这个过程中如果你有任何疑问和困难，可以随时来找我。"

如果你能够做到大事把握局面，小事充分放手，只要找对人，"90后"员工一定会给你带来意想不到的惊喜！

14.5.3　表达尊重

在互联网文化的熏陶下，"90后"员工普遍拥有强烈的平等意识，不会轻易服从权威。他们不像"70后""80后"员工那样具有清晰的职场层级观念，而是要求以平等的身份参与到业务活动和组织决策中。

因此给"90后"员工布置任务时，领导不能采取居高临下的命令姿态，而应当采取双方"携手共创"的工作态度。

> 给"90后"员工布置任务时，领导不能采取居高临下的命令姿态，而应当采取双方"携手共创"的工作态度。

还记得本书在13.1节中提到的提问式对话吗？

对待"90后"员工就要多提问，多激发他们的智慧。即便意见不成熟，也要对他们不拘一格的创意和积极参与的态度给予肯定。你需要多说，**"你怎么看""太有想法了""我怎么没想到""就照你说的做"**。

"90后"员工如果感到被充分尊重，他们的创造力就会释放出来。或许他们贡献的想法真的能够令你大开眼界！

人们总是倾向于相信自己的想法是正确的。如果一个想法是经由自己思考产生的，他们就会深信不疑并坚定捍卫。因此，如果工作方案是在"90后"员工积极参与下共创的，他们的达成意愿度就会非常高！就算在实施过程中遇到困难，他们也会想尽办法、全力以赴地解决。

“90 后”员工和即将登上职场舞台的“00 后”都是充满活力和创造力的。他们具有强大的学习能力、开阔的视野、无拘无束的创意、强烈的自我实现欲望，必将在职场中书写属于自己的辉煌一页。

如何激发“90 后”员工的智慧与才能，就看你能不能读懂他们的心！

道生老师敲黑板

- 给“90 后”员工布置任务时需要遵守的原则：________、________、________。
- “赋予意义”的必要性在于：________________________，你需要多说：________________________。
- “充分信任”的必要性在于：________________________，你需要多说：________________________。
- “表达尊重”的必要性在于：________________________，你需要多说：________________________。

道生老师留作业

- 与你身边的“90 后”员工聊聊天，探索一下：

  （1）“90 后”员工工作的目的和意义是什么？

  （2）“90 后”员工如何看待自己？

  （3）“90 后”员工在沟通中看重什么/不看重什么。

  （4）“90 后”员工如何看待“70 后”“80 后”领导的管理方式。

第十五章

凝聚团队引爆能量

* 用语言为团队注入正能量
* 如何用故事打动下属的心
* 讲好职场故事的简单技巧
* 如何用激情感召团队成员

15.1 让你的表达有“能量”

——用语言为团队注入正能量

请朗读下面两组词语，体会这些词给你带来了怎样的感受。

第一组：活力、自信、成功、被欣赏

第二组：萎靡、无力、失败、被忽视

有没有感到第一组词是正能量的、令人振奋？而第二组词则是负能量的、让人消沉？

语言不仅传递信息，同时也携带着能量。语言的能量，就是给人带来的心理影响。

在团队中大家朝夕相处，每天在交流互动的同时，也在用语言能量彼此影响。

团队的能量场就像一个篝火堆，正能量的语言就像木柴。大家都向篝火里投木柴，火才能越烧越旺。

作为管理者，你需要成为正能量语言的传播者，做最积极投入木柴的那个人，成为团队成员的典范。

作为管理者，你需要在团队中传播三种正能量语言，用语言为团队注入正能量。

管理者需要成为正能量语言的传播者，为团队成员做出示范，才能让团队合作释放出最大的能量。

15.1.1 正向表达的语言

如果我说：“不要去想一只红色的小猫！”你的脑海里是不是出现了一只红色的小猫？

当听到“不要做什么”的命令时，大脑分成了各自执行任务的两个部分：一个部分不让我们想“红色小猫”，而另一部分在时不时地检查我们有没有想到“红色小猫”。这种不断检查反而会加强我们对“红色小猫”的印象。

这就是为什么每次当我们试图否定什么的时候，反而会加深对那个事物的印象。

你说什么就是在强调什么，不取决于是否在前面加上否定词。当你说“不要担心”“不要放弃”的时候，头脑里被强化的恰恰是“担心”和“放弃”。

注意力在哪里，能量就在哪里。如果将注意力放在困难、障碍上，就会加强对它们的关注，人就会感到无力。反之，如果将注意力放在目标和成果上，就会带来力量，带来更多创意。

> 所谓正向表达，就是将注意力聚焦于要达成的目标，直接地表达要做什么、怎么做、达到什么结果。

所谓正向表达，就是直接地向下属表达要做什么、怎么做、达到什么结果。正向表达不是说“我不想要这个”，而是清晰表达“我想要什么”，从而将下属的注意力聚焦于要达成的目标上。

与其说“开会不要迟到”，不如说“请务必准时参加会议”。

与其说“我们绝不放弃”，不如说“我们一定要坚持到底”。

与其说“不要错过这次机会”，不如说“一定要抓住这次机会”。

15.1.2　鼓励肯定的语言

心理学家指出，每个人最深层次的需要就是感到被人欣赏。然而，在我们的家庭和社会教育环境下，很多人从小没有得到足够的欣赏和肯定。

在很多人的童年记忆里，都住着一个“别人家的孩子”——“你看对门的谁谁，大奖赛拿了二等奖，你再看看你自己多没出息”。偶尔取得了好成绩，得到的“表扬”也是“没什么可骄傲的，不过是瞎猫碰到了死耗子”。

如果领导也是看问题多过看成绩，批评指责多于鼓励欣赏，就可能击中下属内心的痛点，使之退行到孩提时的自我否定或者激烈对抗状态。

看见优点比指出缺点更具有积极意义。现在有一种“夸夸群”——不论你说出什么不愉快的经历，都可以收获花式夸奖。在无条件的鼓励和赞美中，大家备受生活暴击的脆弱心灵得到安慰和疗愈，在嬉笑间重新获得正能量！

如果管理者能够将“夸夸群”里的“夸夸夸”手段带到工作中，经常肯定下属的成绩与进步，满足其被认可、被欣赏的需要，就能激发团队中每个成员的潜力。他们会做得比你期待的还要好！

> 如果管理者经常肯定下属的成绩与进步，满足其被欣赏的需要，就能激发团队中每个成员的潜力。

鼓励肯定的语言可以是简单地欣赏“今天状态不错”“你今天看起来好精神”，也可以是对任何对团队有益行为的肯定“你这个方案很有创意”“你刚才的表达很有水平”，还可以是对下属做出的努力和取得的进步给予鼓励“你这段时间的进步真的很大”“你只要坚持这么做，一定会取得成功”。

15.1.3 积极的语言

心理学家发现，人们对事物的认知存在于一定的思维框架中，同一件事如果放在不同的思维框架中就会产生不同的理解。

例如，一个人过年时恰好感冒了。如果这个人的思维框架是“我真不幸”，他就会觉得“偏偏在过年的时候生病，真晦气”。如果另一个人的思维框架是“我是幸运的”，他就会想到“做一次排毒清理是一件好事，身体也在此时‘辞旧迎新’”。你觉得哪种想法更具有积极正向的意义呢？

事物本身没有意义，意义都是被人赋予的。对于任何看起来负面的事物，如果你能够使用积极的思维框架来思考“这件事对于我有益的方面是什么，我从中能获得哪些学习和成长”，就能发现事物背后蕴含的积极意义和正向价值。

> 如果你能够使用积极的思维框架，就能发现事物背后蕴含的积极意义和正向价值。

例如，对于“给领导的汇报没通过”这件事，如果解读为“领导对我的工作很不满意，我的处境危险了”。一个人就可能因此惴惴不安、消沉萎靡。

可是如果换一种方式解读“领导指出了我的不足，要求我继续修改，说明领导是期待我迅速成长的。通过这件事，我看到了自己能力欠缺的地方，成长目标更加清晰了”。这样的想法就会让心态变得阳光和积极。

当管理者不断传播正能量，就会很自然地把团队成员团结到自己身边。如果一个团队中的所有成员都能够用正能量滋养彼此，团队合作就更容易心想事成！

道生老师敲黑板

- 传播职场正能量语言的意义在于________________________________。
- 所谓正向表达的语言，是指________________________________。
- 所谓鼓励肯定的语言，是指________________________________。
- 所谓积极的语言，是指________________________________。

道生老师留作业

- 请将以下表述转换为正向表达的语言。

  （1）不要浪费时间！

  （2）我们不能被困难吓倒！

  （3）上班时不要用微信和QQ聊天！

  （4）不要高估自己的能力，也不要低估自己的潜力。
- 除文中的例句外，请你再写出10个具有鼓励意义的句子。
- 对于下面这些表达，你该如何用积极心态的语言转化呢？

  （1）距离最后期限还有一天，肯定干不完了！

  （2）这件事我肯定干不好，因为我没有相关经验。

  （3）领导太强势，总是干涉我的工作。

  （4）客户一直拒绝接我的电话，看来是生我气了。

15.2　职场也能讲故事

——如何用故事打动下属的心

你会讲故事吗？

不，我说的不是给小孩子讲故事，而是在职场上给同事、下属讲故事。

有人可能会说："开什么玩笑？职场上也能讲故事？"

没错，汇报工作时领导们经常会说："少给我讲故事，快说结论！"职场上崇尚逻辑、理性、数字、事实，看起来没有讲故事的位置。

可是你知道吗？有些时候讲故事比讲道理更有效果呢！

15.2.1 为什么讲故事更有效果

先来分享一点儿脑科学知识。

科学家根据大脑不同部位的功能分工，提出了"三层大脑"假说，即本能脑、情绪脑和理智脑。

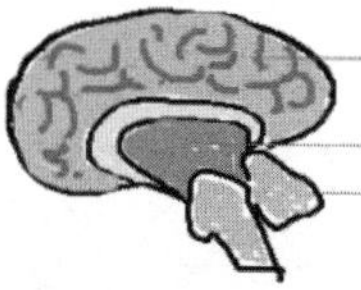

本能脑包括脑干、基底核与网状系统等，作用是维持人体的基本生命功能，控制生长发育、新陈代谢和条件反射。情绪脑包括杏仁体和下丘脑等，主要掌管人的情绪反应。理智脑即通常所说的大脑皮层，承担着逻辑、思考、表达、学习等功能。

在理智脑里，每时每刻都有很多"卫兵"在巡逻，这些"卫兵"叫作信念。所谓信念，就是深信不疑地相信什么是对的，什么是错的。

理智脑对新观点是否接受的标准很简单，就是看新观点是否与已有的信念一致。只要信念判定"不是自己人"，"卫兵"们就会立即群起而攻之。这就是讲道理很难影响一个人的原因。

有什么办法能避开理智脑的防御呢？我们需要请情绪脑来帮忙！

人类自诩是理智的。可是和情绪比起来，理智的力量简直不值一提。

相信很多人都有过由于紧张或者恐惧，大脑一片空白的经历。这是因为，情绪脑在强烈的情绪状态下分泌的化学物质，能够暂时阻断大脑皮层中的神经元的链接，这时候理智脑的思考和判断功能就被抑制了。所谓"杯弓蛇影""情人眼里出西施""愤怒的时候智商为零"都是这个道理。

我们该如何利用大脑的这个特性，让别人更容易接受我们的观点呢？那就是在"晓之以理"之前，先"动之以情"。

> 要想让别人更容易接受我们的观点，就要先"动之以情"，再"晓之以理"。

讲故事，恰恰就是启动情绪脑的好办法。

喜欢听故事是人类的天性。在远古时代，我们的祖先就围坐在篝火旁，听长者讲族群的故事；在儿童时期，我们在父母讲故事的声音中入眠。

认知神经科学研究发现，人脑中的"镜像神经元"可以使人在看到或听到某件事的时候，产生与当事人近似的感受。在被主人公的经历深深吸引的时候，我们会产生与主人公相似的情感体验。

在这个时候，情绪脑被激发，理智脑的思考、判断功能大大削弱。"道理"借助故事的伪装，如同穿上了隐身衣，从信念卫兵的眼皮底下大摇大摆地过去了。

《故事经济学》作者罗伯特・麦基指出：精彩的故事能够把意义包裹在情感之中，从而打消听众的怀疑心理。一旦听众将自己的感觉与故事中的主角联系起来，怀疑就会消失不见。

> 精彩的故事能够把意义包裹在情感之中，从而打消听众的怀疑心理。

一个好故事胜过一万句道理。每一个管理者都要具有通过讲故事影响下属的能力。

15.2.2　什么时候适合讲故事

职场上有一类场合不仅适合讲故事，而且能够达到比讲道理更好的效果。那就是弘扬价值观的场合。

1. 表彰奖励

在表彰团队或个人的时候，如果只是空洞的辞藻就不足以打动人。你需要讲在他们身上真实发生的故事：敬业爱岗的故事，锐意创新的故事，关爱客户的故事……通过故事展示他们的优秀品质，彰显企业倡导的价值理念。

2. 新员工入职

你需要告诉新入职的员工：公司倡导的价值观是什么，哪些是公司提倡和褒奖的行为。

还记得柳传志给新员工讲的关于香港出差的故事吗？如果直接讲企业的价值观就显得空洞生硬，而讲故事就能起到"润物无声"的效果。

3. 年会庆典

在回顾企业发展成就的时候，管理者可以讲一个创业团队艰辛奋斗的故事，讲一个齐心协力迎接挑战的故事……共同经历的故事，能够把大家带回激情燃烧的岁月，再次焕发凝聚力，点燃斗志豪情！

除此之外，职场上还有一些场合也适合讲故事。

4. 劝导他人

当你希望别人发生改变的时候，如果直接提出要求就显得很生硬，所谓“忠言逆耳”。这时讲个故事，就能达到事半功倍的效果。讲完故事，你要记得问对方从中得到了怎样的启发，引导对方自己找到答案。

5. 介绍自己

当你加入一个新团队，向同事们做自我介绍的时候、不妨讲讲你自己的故事。通过这些故事，别人能了解你是一个怎样的人，你最看重的品质是什么，这将有助于彼此迅速建立情感连接。

6. 推介产品或服务

在一个视频中，比尔·盖茨喝了一杯水。然后，他开始讲这杯水的故事：这不是一杯普通的水。它曾经是人体排泄物，在 5 分钟之前刚刚经过一系列净化流程，被转化为干净的饮用水。

比尔·盖茨通过“一杯水”的故事，号召人们关注贫困地区的饮水安全问题，以及可以拯救千万人生命的净化技术，引起了巨大反响。

我们在本书 7.3 节中提到，潜意识就是藏在我们身体里的三岁小孩。潜意识喜欢形象化的表达，故事就是潜意识的最爱之一。

在听故事的时候，人的潜意识是完全打开、没有防备的。讲故事就像在潜意识里埋下一粒种子，发芽、生长、开花，长出属于我们自己的果实。这就是讲故事有时比讲道理更有效果的原因。

与其苦口婆心地讲大道理，不如讲一个生动的故事。要想打动下属的心，管理者都应该学习讲职场故事，成为“故事高手”！

道生老师敲黑板

- 为什么有时候讲故事比讲道理更有效？____。
- 在“三层大脑”假说中，本能脑负责________________；情绪脑负责________________；理智脑负责________________。
- 讲道理很难影响一个人的原因：________________________________。
- 职场上适合讲故事的场合：____。

道生老师留作业

- 提前准备几个关于团队的故事，以便在需要的时候使用。

  （1）敬业爱岗的故事。

  （2）追求卓越的故事。

  （3）锐意创新的故事。

  （4）团队合作的故事。

  （5）拼搏付出的故事。

  （6）友情关爱的故事。

  ……

- 准备几个关于自己的故事，在适当的时候讲给别人听，让别人更了解你。

  （1）你生命中的一个光辉时刻。

  （2）你生命中的一个艰难时刻。

  （3）你生命中具有决定性影响的一件事。

  （4）你最有意义的一次历险。

  （5）你最糗的一件事。

  （6）你的一位良师益友。

  ……

15.3 人人都会讲故事

——讲好职场故事的简单技巧

要想讲好一个职场故事，让故事达到打动人、启发人的最佳效果，你需要遵循一定的规则。

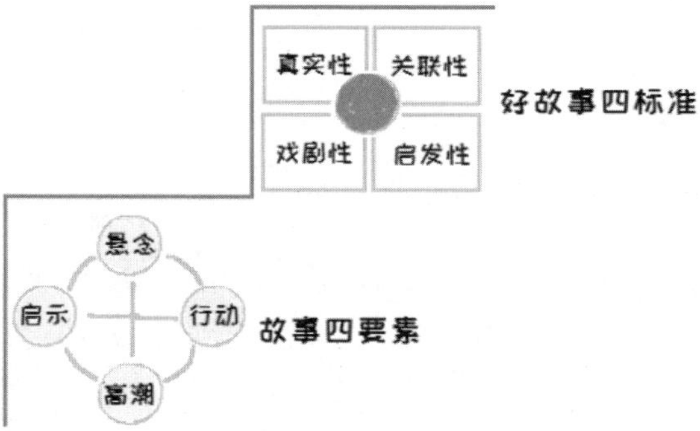

15.3.1 故事的结构

一个完整的故事通常由四个部分构成：悬念、行动、高潮和启示。

> 一个完整的故事通常由悬念、行动、高潮、启示四个部分构成。

悬念——主人公面临的困局。可能是一次失败、一个艰难的选择、一个需要解决的问题等。

行动——主人公做了哪些事情，经过是怎样的，期间遇到了哪些困难。

高潮——通常是主人公战胜了挑战，或者故事情节发生转折的时刻。

启示——故事讲了什么道理，听众从中可以获得哪些学习。

和大家分享一个我刚进入管理咨询行业时听到的故事。

同事 A 刚刚从名牌大学 MBA 毕业，自视颇高。他到公司后牵头一个咨询项目，结果搞砸了。客户说从来没见过这么糟糕的项目，一大笔尾款也泡汤了。

同事 A 很沮丧，心生退意。领导对他说："如果你就这么走了，会在职业生涯中留下永远的遗憾。为什么不找一个机会证明自己呢”。

机会很快来了。这次是给某大型集团公司做一个城区的门店规划。同事 A 发誓，“我一定要让他们看看，做到极致的咨询项目是什么样的”。

在城区里分布着四五十家门店。同事 A 和同伴们迈开两腿一家家地走，实在走不动了就借自行车、雇三轮车。统计客流量的时候，他们就搬个板凳、拿个秒表坐在门口一个个地数。

向客户老板汇报的时候，同事 A 对每一家门店的情况如数家珍。具体说到某家门店，他指出附近 200 米将建一家大型商场，行人流向将发生改变，建议趁早将门店迁移过去。客户老板问手下的销售经理：“你知道这个事吗？”销售经理直摇头。老板自言自语：“我们自己人也没摸得这么清楚啊！”

汇报结束的时候，客户老板带头起立，带领他的团队长时间鼓掌。他称赞道：“这是我见过的最棒的咨询报告”。

这个故事给我带来的启发是：笨一点、慢一点不可怕。以匠人精神沉下心来精雕细琢，把一件事做到极致，就一定能够赢得他人的尊重和认可！

在这个故事中，同事 A 遭遇了职业上的巨大挫折，他能不能重整旗鼓证明自己，成了故事的“悬念”。

他在项目中以“做到极致”的态度走街串巷进行调研，构成了故事的“行动”。

在汇报环节中，他的工作质量和工作态度征服了客户，故事达到了“高潮”。

这个故事带来的“启示”：把一件事做到极致，就一定能够获得他人的尊重和认可。

这就是一个完整的、有启发意义的职场故事。

15.3.2　好故事的标准

一个好故事应当满足四个标准：真实性、关联性、戏剧性和启发性。

1. 真实性

成年人在听故事时，如果觉得不合理、不真实，故事的效果就会大打折扣。在职场中最好讲真实的故事——真实的人物、真实的时间、真实的地点。同事 A 的故事之所以打动人，就是因为它是真实发生过的。

2. 关联性

故事要与听众有关联才能引起他们的共鸣。你给中层干部讲马云创业的故事，效果估计不会太好，因为这和他们日常工作关系不大。

最好讲听众熟悉的场景，这样他们就能联想到自己在相似情况下会如何行动，因此才会产生代入感。

故事要与听众有关联才能引起共鸣，从而产生代入感。

3. 戏剧性

故事里需要有冲突、有悬念、有利益矛盾；既要有“山穷水尽”的困境，也要有“柳暗花明”的豁然开朗。听众的情感跟随主人公的遭遇跌宕起伏，听起来才会兴味十足。

4. 启发性

讲故事的目的是要对方在思想或行动上发生改变。故事讲完了，一定要阐明你的意图和要求——需要听众学习什么精神、采取什么行动。

15.3.3 如何才能学会讲故事

有人可能会说，我不擅长讲故事。事实上不是这样的。

我们每天都在讲故事，如“今天早上一辆车堵住了小区的通道，我们十几辆车一起鸣笛，车主才慢悠悠地下来把车开走，连一句道歉的话都没有。你说气人不气人”——你有没有发现，分享经历、发牢骚都是在讲故事。每个人都会讲故事。

仅仅会讲故事还不够。作为管理者，你还需要成为讲故事的高手。

首先，你平时需要注意积累素材。

你要经常在办公区里走走，看看团队中发生了哪些新鲜事；多和下属们聊聊天，听听他们在谈论谁的故事。你要注意收集办公室里发生的活生生的故事，日积月累就会掌握足够的素材，需要时才能信手拈来。

其次，你需要组织好故事结构。

要想在有限的时间内讲得既生动又简洁，就必须掌握好叙事的结构和节奏，要做到细节丰富、重点突出、言简意赅。

最后，你需要掌握讲故事的基本技巧。

讲故事不同于平时讲话、做报告。要想讲好故事，你需要学会使用感性的语言、描述生动的细节。你需要将声音、表情、动作、情感融入故事情节，让听众有身临其境的感受。

当然，最重要的还是日常练习和实际应用。准备一个故事，先讲给自己听，再讲给身边的朋友听，请别人指出哪里可以做得更好，不断打磨，不断改善。

勤加练习，你一定能够成为职场中讲故事的高手！

道生老师敲黑板

- 一个完整的故事通常由四个部分构成：________、________、________、________。
- 一个好故事应当满足四个标准：________、________、________、________。
- 职场人怎样才能学会讲故事？____。

道生老师留作业

- 请你构思一个职场故事，要求具备故事的四个构成要素，并满足好故事的四个标准。
- 请发挥你的想象，完善下面这个故事。丰富故事细节，并融入声音、表情、动作、情感，生动地讲述这个故事：

  "一天，IBM董事长沃森在进公司大门的时候没带胸牌，结果被一位叫露西的门卫拦住了。陪同的随员告诉露西：这是我们的董事长。露西说按照规定所有人都必须佩戴胸牌，否则不让进。尽管随员大怒，沃森二话不说回去取了胸牌。"

15.4　点燃激情，照亮梦想

——如何用激情感召团队成员

有人说，领导力是左右脑统合的艺术——既要具备左脑的逻辑分析能力，又要兼备右脑的情感和想象能力。

作为管理者，除了理性的分析、判断、决策，还要有感性的想象、创造、激情。

在下属遭遇挫折的时候，你要展现对成功的坚定决心；当团队面临变革的时候，你要表达乐观积极的信念；当大家迎接挑战的时候，你要描绘成功带来的荣耀和喜悦……

管理者不仅要培养思考力，也要锤炼感染力，成为点燃团队激情、照亮他人梦想的高手！

管理者不仅要培养思考力，也要锤炼感染力，成为点燃团队激情、照亮他人梦想的高手！

向大家推荐用激情感染团队的“**VIP 模型**”。

- 愿景（Vision）。
- 画面（Image）。
- 发声（Phonation）。

15.4.1 愿景

法国作家圣·埃克苏佩里在《小王子》里写道：如果你想造一艘船，要做的不是催促工人收集木材，也不是忙着分配工作和发布号令，而是激起他们对大海的向往。

对美好前景的向往是强大的驱动力。作为管理者，你要成为团队中第一个“向往大海”的人，你要能够透过眼前的迷雾看清未来的愿景。

愿景是我们对于未来成功画面的想象。世界著名管理大师彼得·圣吉在《第五项修炼》中写道：“愿景是你想要创造的，用现在时描绘的未来图像，就好像发生在眼前一样”。

马云在创业伊始，就为阿里巴巴描绘了富有激情的成功画面：成为一家生存102年的公司；成为世界上最大的电子商务公司，进入全球网站排名前十。

这不仅仅是他个人的梦想。马云饱含激情地向下属描绘愿景，激发了大家对于“大海”的向往，点燃了团队的创业热情，从而将具有相同抱负和梦想的人才团结在自己身边，共同成就了一项伟大的事业。

要想描绘出组织的愿景，你需要认真回答以下问题：

- 如果我们继续从事喜爱的工作，继续充满热情，十年以后我们会拥有怎样的成功画面？

- 当我们达成这个成功的画面时，我们将为这个世界做出怎样的贡献？哪些人会因此而受益？
- 当我们达成这个成功的画面，身边的人会如何评价我们？

你不仅要自己看到这个画面，还要将画面激情澎湃地描绘给下属，让他们也融入画面，在画面中找到自己的位置、看到自己的形象，让他们也被令人激动的未来所振奋鼓舞、热血沸腾。

15.4.2　画面

美国大学曾做过一项试验研究。

试验参与者每人分到 5 美元，然后被分为 2 组。研究者向参与者介绍了非洲食品短缺的问题，并告知他们可以从得到的 5 美元中捐出一部分来帮助非洲人解决困难。

第一组参与者读到了一段关于非洲食品短缺问题的文字：

“马拉维的食品短缺影响到了 300 多万儿童，在津巴布韦大约 300 万人面临饥荒，400 万安哥拉人已经被迫逃离家园……”

第二组参与者看到的是一个面黄肌瘦的小女孩的照片。照片下的文字写道：

“她叫洛基亚，是一个 7 岁的马里小女孩，她正在忍受饥饿。你的捐款会改变她的一生，让她有饭吃、让她读书，给她提供基本医疗保障和卫生教育。”

结果，第二组的捐款金额是第一组的 2 倍多。为什么会有这样的差别？

“想象有一片非常新鲜的柠檬，就放在你面前。柠檬果皮是金黄色的，果肉是晶莹透明的，你闻到了柠檬的清香，看到一大滴晶莹的柠檬汁正慢慢渗透出来。你把柠檬放在舌头上，马上感受到酸酸的味道”。看到这里，你是否也和很多人一样流出了口水呢？这就是“画面感”的作用。

心理学家发现，当人的头脑中出现某个逼真的画面的时候，大脑的情绪反应和经历真实事件是一样的。生动具体的描述要比抽象枯燥的语言更能打动人，更能促进人的行动。

> 生动具体的描述要比抽象枯燥的语言更能打动人，更能促进人的行动。

因此，当你描绘愿景的时候，一定要使用具有画面感的语言。你描绘得越真实，下属头脑中的画面就会越清晰。

画面感会让下属如同亲身经历了成功，从而带来身临其境般的情绪反应。下属会因此受到激励，行动的意愿就会变得非常强烈！

15.4.3 发声

平时在职场上讲话，声音只要抑扬顿挫、能够吸引注意力就够了。

激发团队的场合则不同。你需要用富有激情的声音唤醒下属的情绪脑，所谓“逻辑引发思考，激情驱动行动”。

> 激发团队时，你需要使用富有激情的声音，熟练驾驭意象之声、情感之声、力量之声。

为此，你需要熟练驾驭意象之声、情感之声、力量之声。

1. 意象之声

请你朗读前面关于柠檬的那一段文字。

在朗读时，你要想象在你眼前出现了一颗柠檬，而你是在描述这个画面。当你发出意象之声的时候，你要将注意力聚焦在眉心这个“视觉中心”，想象声音是从这里发出来的。

还记得在本书 7.3 节中提到的潜意识吗？

在描绘愿景的时候，你就仿佛在对着下属的潜意识讲话。潜意识是三岁小孩，要通过画面来思考。所以你的语速要和缓，音调要抑扬顿挫，这样才能营造出画面感。

训练意象之声的最好方式，是平时多朗诵名家散文，体会美好文字带来的“画面感”。

2. 情感之声

要想让下属感受到你的真挚情感，你需要让声音从心区这个“情感中心”迸发出来。

请你将整个手掌贴在胸口，将意念聚焦在心区这个位置。充满感情地朗读下面这段文字：

感恩天地滋养万物。

感恩国家培养护佑。

感恩父母养育之恩。

感恩老师辛勤教导。

感恩所有支持付出的人。

你感受到声音自内而外传递的振动了吗？请你记住这种感觉，并将它带到你真情洋溢的演说中！

3．力量之声

所有的号召都是为了行动，你需要用坚定有力的声音发出号召。

人的“力量中心”在于丹田。要想让声音雄浑有力，你要将意念聚焦在丹田，想象声音是从这里发出来的。

要想运用丹田之力，你需要使用腹式呼吸。所谓腹式呼吸，就是利用腹部肌肉的扩张和收缩进行的“深呼吸”。下面这个“闻花香”练习将有助于你体会腹式呼吸。

“请你闭上眼睛，想象在你面前有一束鲜花，正散发着你最喜爱的香气。

你将鲜花放在鼻端，深深地吸一口气，让浓郁的花香进入鼻腔，继续向下，一直到达腹部下方丹田的位置。你保持胸部和肩部不动，感觉腹部像正在充气的气球一样扩张。然后，再将气息缓缓、缓缓地呼出，同时腹部向内收缩，直到空气呼尽。你要不断地重复这个动作，体会腹部肌肉用力扩张和收缩的感觉”。

讲话就是伴随着呼气发出声音的过程。如果你在讲话时运用腹式呼吸，就可以让声音既洪亮又有感染力。

请你试着使用丹田发声的方式，用坚定有力的声音朗读下面这段话：

我是卓越的表达者，

我以开放和接纳的心态倾听他人；

我用积极的语言滋养他人；

我以友善的姿态与他人沟通；

我用建设性的方式表达意见；

我能清晰流畅地表达自己的思想；

我真实有度地呈现自己的情感；

我为自己设定了清晰的成长目标；

我积极迎接挑战并乐于接受反馈；

每一天，每一刻，我都在学习和成长！

我将用表达为自己带来成功，

我将用语言为世界带来和谐、积极的正能量！

道生老师敲黑板

- 用激情感染团队的"VIP 模型"包含的三个要素：________、________、________。
- 要想描绘组织愿景，需要回答哪三个问题？________________________________

  ____
- 激发团队需要熟练驾驭哪三种声音？__________、__________、__________。
- "闻花香"练习的要领：________________________________。

道生老师留作业

- 请写下你的愿景。如果你是一位团队负责人，请写下你所在团队的愿景。
- 请用一段富有画面感的文字，描绘出你或你所在团队的愿景。你或你的团队将为这个世界做出怎样的贡献？哪些人会因此而受益？身边的人会如何评价你或你们？
- 朗读一段具有细节描写的文字，用手机录音，感受是否能够带来画面感。
- 朗读一段抒发情感的文字，用手机录音，感受是否能够表现情感的丰沛度。
- 朗读一段表达意志和决心的文字，用手机录音，感受声音是否具有力量和感染力。

附录 A 《表达致胜：从职场小白到管理高手》学习地图

公众表达	一对一汇报	团队管理	人际沟通	会议管理	即席发言/讲话	职业发展
工具：Wi-Fi 用途：洞察听众需求 坐标：1.1“你的 Wi-Fi 是什么”	工具：选择判断题 用途：请示工作方案 坐标：2.1“判断题还是选择题”	工具：PPP 模型 用途：真诚地赞美 坐标：10.2“好礼物也要好包装”	工具：宝来（BORA）模型 用途：表达真诚的感谢 坐标：3.1“让你的感谢有‘分量’”	工具：INTO 模型 用途：会前介绍 坐标：12.1“将方向盘牢牢把握在手中”	工具：奥利奥（OREO）模型 用途：会议中即席发言 坐标：6.2“跟‘即席发言综合征’说再见”	工具：PDCA 模型 用途：例会发言 坐标：6.1“让真金在沙子中闪光”
工具：金字塔原理 用途：组织表达逻辑 坐标：1.2“你到底想说什么”	工具：有始有终模型 用途：汇报工作的节点 坐标：2.2“汇报工作，有始有终”	工具：GROW 模型 用途：管理者的提问式对话 坐标：13.1“唤醒心中沉睡的英雄”	工具：汉堡包拒绝法 用途：不伤感情地拒绝别人 坐标：3.3“这样拒绝不伤感情”	工具：开场三约定 用途：明确会议注意事项 坐标：12.1“将方向盘牢牢把握在手中”	工具：PRC 模型 用途：解释问题原因 坐标：6.2“跟‘即席发言综合征’说再见”	工具：交际版/职业版自我介绍法 用途：自我介绍 坐标：6.4“你会‘销售’自己吗”
工具：凡事成三 用途：让表达具有系统性和完整性 坐标：1.3“凡事成三，讲话不难”	工具：“明星（STAR）”模型 用途：汇报执行方案 坐标：2.3“汇报工作的‘路线图’”	工具：逻辑层次矩阵 用途：生成好问题 坐标：13.2“好问题带来好答案”	工具：FACT 模型 用途：犯了错如何处理 坐标：3.4“坏事可能变好事”	工具：会中三掌控 用途：会议进程管理 坐标：12.1“将方向盘牢牢把握在手中”	工具：ICAN 模型 用途：会议结尾表明态度 坐标：6.2“跟‘即席发言综合征’说再见”	工具：SAIL 模型 用途：工作总结 坐标：11.1“让你的工作更‘值钱’”

续表

公众表达	一对一汇报	团队管理	人际沟通	会议管理	即席发言/讲话	职业发展
工具：汽车（CAR）模型 用途：突出核心思想 坐标：7.2“让表达拥有‘灵魂’”	工具：PDCA 模型 用途：汇报工作进展 坐标：2.3“汇报工作的‘路线图’”	工具：3F 倾听 用途：有效聆听 坐标：13.3“沟通高手的技能”	工具：错后省动模型 用途：表达真诚的道歉 坐标：3.4“坏事可能变好事”	工具：会尾三确认 用途：会议成果总结 坐标：12.1“将方向盘牢牢把握在手中”	工具：内外前后模型 用途：典礼仪式即席讲话 坐标：6.3“张口就来？你也行”	工具：1-2-3 原理 用途：工作成果总结 坐标：11.1“让你的工作更‘值钱’”
工具：PAPERS 模型 用途：向领导阐述提案 坐标：7.4“在‘分饼’游戏中胜出”	工具：PRC 模型 用途：汇报工作难点 坐标：2.3“汇报工作的‘路线图’”	工具：ABC 说服法 用途：说服他人 坐标：14.1“你是个‘心灵捕手’吗”	工具：CDEFG 法则 用途：职场上求人帮忙 坐标：3.2“不可不知的‘求人术’”	工具：会后三跟进 用途：会后决议执行 坐标：12.1“将方向盘牢牢把握在手中”		
工具：ABCD 模型 用途：提案优缺点分析 坐标：7.4“在‘分饼’游戏中胜出”	工具：启航（SAIL）模型 用途：汇报工作成果 坐标：2.3“汇报工作的‘路线图’”	工具：PIX 模型 用途：批评下属 坐标：14.2“批评是一门艺术”	工具：先跟后带模型 用途：化解意见冲突 坐标：10.1“太极推手的启示”	工具：目标（GOAL）模型 用途：组织复盘会议 坐标：12.3“在自我学习中蜕变成长”		
工具：4R 模型 用途：汇报时回答提问 坐标：8.1“像发言人一样镇定优雅”	工具：4S 模型 用途：电梯汇报 坐标：2.5“打有准备的‘遭遇战’”	工具：BPA 模型 用途：批评下属 坐标：14.2“批评是一门艺术”	工具：PPP 模型 用途：赞美他人 坐标：10.2“好礼物也要好包装”			
工具：成功手印/交托压力 用途：公众讲话前的心理放松 坐标：9.1“做身心的主人”	工具：奥利奥（OREO）模型 用途：电梯汇报 坐标：2.5“打有准备的‘遭遇战’”	工具：智慧（WISE）模型 用途：绩效谈话 坐标：14.3“绩效谈话谈什么”	工具：三一法则 用途：职场上如何提建议 坐标：10.3“良药不苦口”			

续表

公众表达	一对一汇报	团队管理	人际沟通	会议管理	即席发言/讲话	职业发展
工具：说读同步 用途：公众讲话时保持与听众的连接 坐标：9.2“鱼与熊掌可以兼得”	工具：SMART 模型 用途：确认任务要求 坐标：5.1“提 SMART 问题，做 SMART 下属”	工具：望闻问切工具 用途：绩效谈话中探究问题 坐标：14.3“绩效谈话谈什么”	工具：ABC 说服法 用途：说服他人 坐标：14.1“你是个‘心灵捕手’吗”			
工具：抛球法/象限法 用途：公众表达时如何用目光表达关注 坐标：9.3“接住我的传球”	工具：主题一人员一观点一结论模型 用途：传达会议内容；撰写会议纪要 坐标：5.3“给我讲一下会议内容”	工具：港铁原则 用途：给 90 后下属布置任务 坐标：14.5“只为欣赏的人绽放”	工具：常规法/聚焦法/移动法/透视法注视 用途：真诚的注视 坐标：14.4“真诚表达需要被看见”			
工具：七字真言 用途：让声音具有影响力 坐标：9.4“引爆气场的七字真言”		工具：VIP 模型 用途：激发团队热情 坐标：15.4“点燃激情，照亮梦想”				
工具：托福（TOEFL）模型 用途：公众表达时的肢体语言 坐标：9.5“你的气场超乎想象”						

参考文献

[1] 玛丽莲·阿特金森，蕾·切尔斯．被赋能的高效对话：教练对话流程实操[M]．杨兰，译．北京：华夏出版社，2015．

[2] 米罗·弗兰克．如何在 30 秒内说出关键点[M]．黄蔚，译．北京：中国青年出版社，2016．

[3] 陈嫦芬．职场精英力[M]．北京：中信出版社，2017．

[4] 詹姆斯·库泽斯，巴里·波斯纳．领导力（第 4 版）[M]．李丽林，等，译．北京：电子工业出版社，2009．

[5] 科里·帕特森，约瑟夫·格雷尼，等．关键冲突：如何把人际关系危机转化为合作共赢[M]．毕崇毅，译．北京：机械工业出版社，2012．

[6] 丹·艾瑞里．怪诞行为学 2：非理性的积极力量[M]．赵德亮，译．北京：中信出版社，2017．

[7] 克鲁格· S．点石成金：访客至上的网页设计秘笈（Don't Make Me Think）[M]．De Dream'，译．北京：机械工业出版社，2006．

[8] 彼得·圣吉．第五项修炼：学习型组织的艺术与实践[M]．张成林，译．北京：中信出版社，2009．

[9] 杰瑞·魏斯曼．魏斯曼演讲圣经 1：说的艺术[M]．尹碧天，译．北京：中国人民大学出版社，2012．

[10] 彼得·迈尔斯，尚恩·尼克斯．高效演讲[M]．马林梅，译．长春：吉林出版集团有限责任公司，2013．

[11] 戴钊．自我教练：迈向自我实现之路[M]．北京：机械工业出版社，2015．

[12] 罗伯特·麦基，托马斯·格雷斯．故事经济学[M]．陶曚，译．天津：天津人民出版社，2018．

[13] 圣·埃克苏佩里．小王子[M]．马振聘，译．北京：人民文学出版社，2003．

[14] 李克强一步“跨”上中荷经贸论坛主席台．中国政府网 http://www.gov.cn/guowuyuan/ 2018-10/16/ content_5331408.htm．

反侵权盗版声明